图解篮球个人技术：入门训练60项

李成名 杜祥 编著

人 民 邮 电 出 版 社
北 京

图书在版编目（CIP）数据

图解篮球个人技术. 入门训练60项 / 李成名，杜祥编著. -- 北京 : 人民邮电出版社，2020.9
ISBN 978-7-115-54322-6

Ⅰ. ①图… Ⅱ. ①李… ②杜… Ⅲ. ①篮球运动—运动技术—图解 Ⅳ. ①G841.19-64

中国版本图书馆CIP数据核字(2020)第111269号

免责声明

作者和出版商都已尽可能确保本书技术上的准确性以及合理性，并特别声明，不会承担由于使用本出版物中的材料而遭受的任何损伤所直接或间接产生的与个人或团体相关的一切责任、损失或风险。

内容提要

篮球是一项激烈的团队对抗运动，但也是一项十分强调个人技术的运动，在比赛中我们经常会面对一对一或一对多对抗的局面。本书从连贯动作到局部细节，以及篮球的运动轨迹和球员的动作方向等多层面讲解关键技术，是篮球爱好者和初学者在个人技术基础训练方面理想的指导。从篮球的站姿与持球动作、从球感的训练再到步法、运球，本书囊括了可以帮助读者从零基础提高篮球水平的60项实用训练。通过阅读本书，读者可以迅速了解篮球的基础知识和训练技巧，使技术得到有效的提升。

◆ 编　　著　李成名　杜　祥
责任编辑　裴　倩
责任印制　周昇亮

◆ 人民邮电出版社出版发行　　北京市丰台区成寿寺路 11 号
邮编　100164　　电子邮件　315@ptpress.com.cn
网址　https://www.ptpress.com.cn
涿州市般润文化传播有限公司印刷

◆ 开本：700×1000　1/16
印张：8.25　　　　2020 年 9 月第 1 版
字数：218 千字　　　　2024 年 8 月河北第 14 次印刷

定价：49.80 元

读者服务热线：(010)81055296　印装质量热线：(010)81055316
反盗版热线：(010)81055315
广告经营许可证：京东市监广登字 20170147 号

作者简介

李成名

毕业于北京体育大学篮球训练专业，欧帝体育联合创始人、CEO。国家二级篮球运动员，中国篮协高级教练员，北京市篮协 A 级教练员，国家级篮球裁判，执裁于全国男子 NBL 联赛和全国女子 WCBA 联赛。国内首批篮球训练师，曾担任五方特训中心特训部主管，训练过刘晓宇、韩硕、高颂、王子瑞等知名男、女篮国家队选手及 CBA 联赛球员。另有 NSCA-CSCS 及 FMS 功能动作筛查认证。

杜祥

毕业于北京体育大学篮球训练专业，欧帝体育联合创始人、教学总监。国家一级篮球运动员，曾入选黑龙江省青年篮球队，并先后效力于 NBL 联赛郑州大运队、拉萨净土队和北京东方雄鹿队。中国篮协高级教练员，北京市篮协 A 级教练员，李宁篮球学院青训师，职业篮球特训师，曾带领欧帝青少年篮球俱乐部队伍（U10 及 U12）多次获得小篮球联赛分区赛冠军及北京市小篮球联赛总决赛季军。

在线视频访问说明

本书提供了第2章与第3章的部分训练视频，您可以通过微信的“扫一扫”功能，扫描书中的二维码进行观看。

步骤1：点击微信聊天界面右上角的“+”，弹出功能菜单（如图1所示）。

步骤2：点击弹出的功能菜单上的“扫一扫”，进入该功能界面，扫描书中动作旁边的二维码。

步骤3：如果您未关注“人邮体育”微信公众号，在第一次扫描后会出现“人邮体育”的二维码（如图2所示）。关注“人邮体育”微信公众号之后，点击“资源详情”（如图3所示）即可观看动作视频。

如果您已经关注了“人邮体育”微信公众号，扫描后可以直接观看视频。

图1

图2

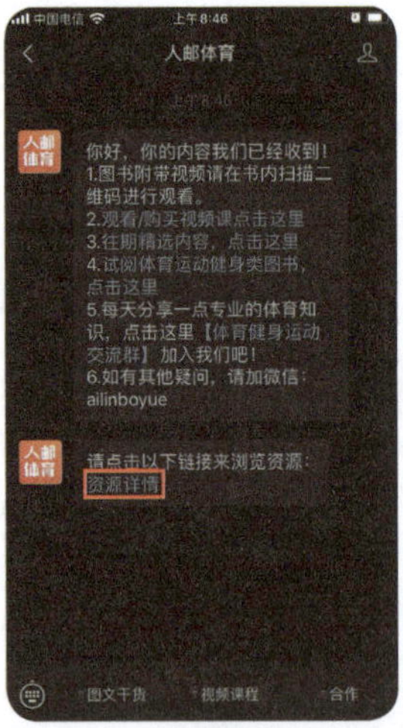

图3

注：本书提供的视频仅供参考，并不与书中内容完全配套。若视频示范与本书内容有出入，并不代表视频或本书内容有误，只是提供了不同的练习方法。请读者根据实际情况自行选择进行训练。

目录 CONTENTS

第 1 章 篮球基础知识

第 2 章 篮球基础技术训练前的热身练习

第 3 章　篮球基础技法练习

第 1 章

篮球基础知识

BASKETBALL

有关篮球的认知

篮球运动作为人们喜爱的体育项目，在世界各地都有众多支持者。不管是在球场上感受进球的快感，还是在赛场上比拼以赢得胜利，都能带来篮球技术水平的提升。

篮球技术与训练

在比赛时，任何球员都会凭借与生俱来的能力自然地进行相应的移动。基本的反应时间、力量的运用，以及深入的洞察都是构建移动能力的要素。

球员在学习并掌握篮球技能时，应该注重在这些能力的基础上不断提高篮球技术的水平。篮球基本技术的学习是需要逐步进行、逐步提高的，它植根于踏踏实实的训练，而不是只体现在移动能力的形式上。教练员和球员要注重对篮球基本技术的全面练习，而不应局限于某个特定的方面。总之，篮球运动能力的提升，要建立在提高球员基本技术水平的基础上，进而提升球员的整体技术水平。

学习的 3 个阶段

研究移动技术的专家发现篮球技术的学习需要经历以下3个阶段。

认知阶段：球员在脑海中形成有关某个技术的画面，这种画面通常源于教师或教练员的演示或描述。练习阶段：球员开始模仿教师或教练员的演示，并不断纠正和完善自己的模仿动作，对技术进行重复练习。自动形成阶段：球员能够不经考虑就自然地应用某种技术，可以在真实的比赛中按照节奏将这些技术发挥出来。

小知识

训练方式

通常情况下，训练是球员提升技术水平最基本的手段，这也是教练员执教的原则之一，但训练本身只是一种方式，而不是最终的结果。因此，关注点应该是想要掌握的技术，而不是训练本身。所以教练员需要对各种训练方式进行认真挑选，以帮助球员掌握篮球基本技术。

篮球运动的装备

在进行篮球运动之前，我们首先要了解篮球运动的装备，包括它们是如何分类的，又有哪些区别，等等。

篮球的种类介绍

篮球的种类分为两种，一种是真皮材质的篮球，另一种是橡胶材质的篮球，需要根据不同的场地选用不同的篮球。

真皮材质的篮球

这种篮球的表面为真皮材质，手感好，适合在室内木质场地使用。

橡胶材质的篮球

这种篮球的外观光滑、漂亮，不易粘尘，适合在室外场地使用。

篮球的规格标准

标准男子比赛用球	重量：600~650 克	圆周：75~76 厘米
标准女子比赛用球	重量：510~550 克	圆周：70~71 厘米
青少年比赛用球	重量：470~500 克	圆周：69~71 厘米
儿童比赛用球	重量：300~340 克	圆周：56~57 厘米

如何挑选篮球

篮球从内到外一般由内胆、缠纱、中胎、表皮、球嘴等组成。好的篮球拍起来手感好。那么应该怎样挑选篮球呢？下面讲解挑选篮球的方法。

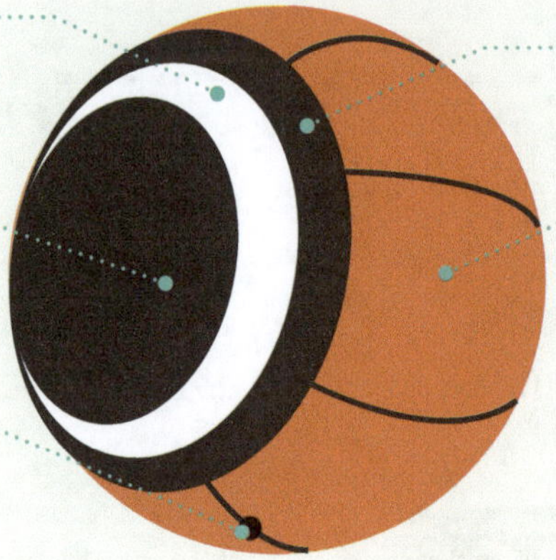

看一看，摸一摸

好的篮球摸起来摩擦力大，表面没有瑕疵，这样的篮球拍起来手感好。相反，表面很光滑的篮球在拍打时容易脱手，手感相对较差。

闻一闻，掂一掂

好的篮球表面会有皮质的味道，虽然重量较重，但托在手上不会很沉。质量较差的篮球一般会比较轻，投球时会感觉篮球轻飘飘的。

看做工和密封性

篮球由于经常在地面上接触摩擦，长时间使用后容易开胶。高质量的篮球接口部位的做工细致、球体的密闭性更好，即使长时间使用也不会出现开胶、起皮等情况。而质量差的篮球接口处会有肉眼可见的缝隙。

看篮球的表皮材质

要根据不同的场地和使用习惯选择不同表皮材质的篮球。橡胶材质的篮球表皮光滑，不易粘尘，适合在室外球场使用；真皮材质的篮球手感较好，适合在室内木质场地使用。

看篮球的弹力

将篮球充足气后，让篮球在离地180厘米的地方自由落体：如果篮球落到地面后的回弹高度能达到120~140厘米，说明篮球质量较好；如果回弹高度不足100厘米，说明篮球质量较差。

仔细看篮球的标牌和印刷条形码

选择篮球之前要看合格证上的编号是否与球体上的条形码相符，如果不符，合格证就是伪造的，因此要特别注意标牌和条形码。

篮球鞋的介绍

篮球运动是强度较大的运动，为了适应激烈的运动，防止球员脚部受伤，就需要选择一双耐穿、稳定、舒适性良好的篮球鞋。按照结构划分，篮球鞋可以分为以下3种类型。

高帮鞋

约有70%的球员会选择高帮运动鞋，因为它可以给脚踝处提供较好的防护，适合强力的进攻型球员和在全场范围内跑动的球员。这种类型的鞋还具有一定的稳定性。

中帮鞋

对于在速度上有优势的球员，他们穿高帮的鞋子跑起来不是很方便，这类球员可以选择中帮鞋。中帮鞋的鞋帮正好到脚踝处，方便脚踝活动。

低帮鞋

如果球员擅长快速跑动，那么他们对鞋的首要要求是鞋很轻，同时要求鞋有一定的护踝功能、减震功能和曲挠性。对这类球员来说，低帮的鞋往往是较好的选择。

篮球服的介绍

在选择篮球服时，在材料上要选择透气性良好、疏水性好的布料，这种篮球服不会影响球员的身体活动，不易产生静电，且重量轻。好的篮球服有助于球员提高成绩，而且跑动时不会给球员额外带来阻力。

篮球场的设备介绍

篮球场设有篮球架，篮球架带有篮球板拉杆、横梁、立柱、底箱、篮球板、篮筐，以及用来支撑篮球架的后拉力杆。底箱用来承重，篮球板和篮筐主要用于篮球的碰撞和投篮。

篮球架的介绍

篮球架是篮球运动必备的设备，位于球场两端。根据结构的不同，篮球架有单臂篮球架和双臂篮球架两种。

单臂篮球架

在选用篮球架时，其耐用性是主要考虑的一个方面。单臂篮球架的抗冲击力更强、安全防护性能更好。

双臂篮球架

在有双臂篮球架的场地打篮球会更加方便，在场地有限制的情况下可以在篮球架的两端进行篮球运动。这种篮球架的稳固性更好。

篮球架的尺寸示意图

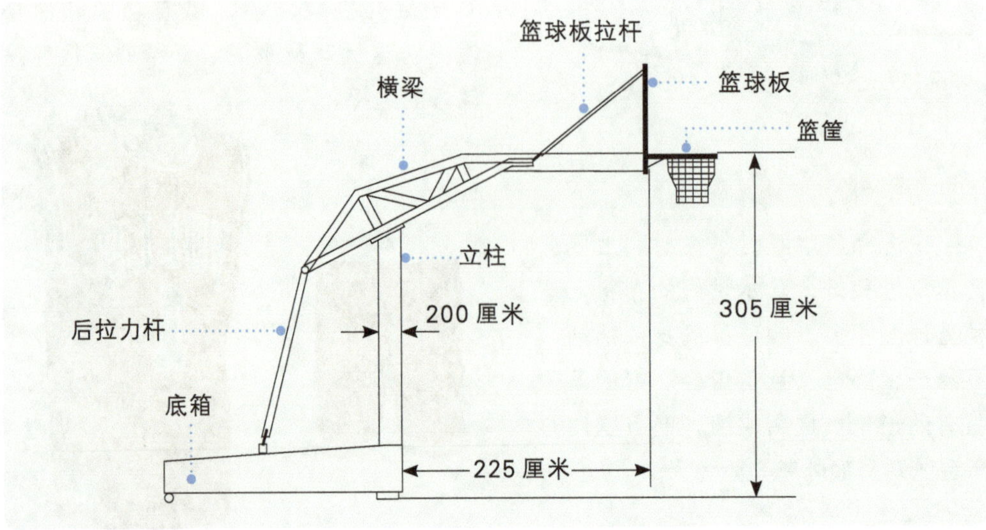

篮球场地的介绍

篮球场地是一个无障碍物的长方形牢固平面，常见的篮球场规格为28米×15米。篮球场根据不同的材质和环境有不同的分类，下面讲解一下篮球场的分类。

篮球场的分类

篮球场的场地按照环境可分为外场场地和内场场地两种，按照材质可分为橡胶场地、水泥场地和木质场地等。

外场场地

外场场地一般建得比较结实，修建时使用的材料有水泥、橡胶等。

内场场地

内场场地位于室内，常用木材铺设场地。

场地示意图

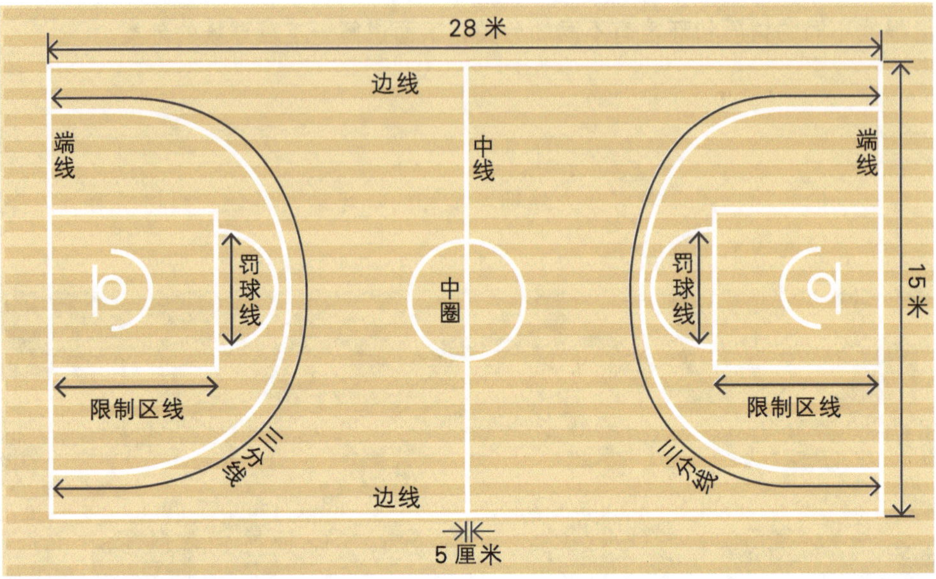

球场中地面上绘制的所有线条宽度都为5厘米，地面上不同位置的线具有不同的作用。

界线：球场上的界线距离现场的观众席、广告牌或障碍物最少2米。较长的界线叫作“边线”，较短的界线叫作“端线”。

中线：场地正中平行于端线的那条线叫“中线”。

罚球线：罚球线平行于端线，长3.6米，与较近的端线距离为5.8米。罚球线的中点要与假想中的两端线的中点连线在同一条线上。

限制区线：限制区线是限制区两侧的直线，一侧与端线相连，一侧与罚球线两端相接，共同构成限制区。如果是在铺设了带有颜色的地胶场地上，这一区域与中圈区域的颜色是一样的。

中圈：中圈是指球场中心位置的圆圈，从圆周外边线测量其直径是3.6米。

篮球运动的构成体系及关系

篮球运动的训练有完整的体系，包括技术、体能、战术和心理方面的训练。这些体系之间存在着彼此独立却又相互依赖的关系。在实际训练中，它们是相互交叉、相辅相成的。

各体系关系示意图

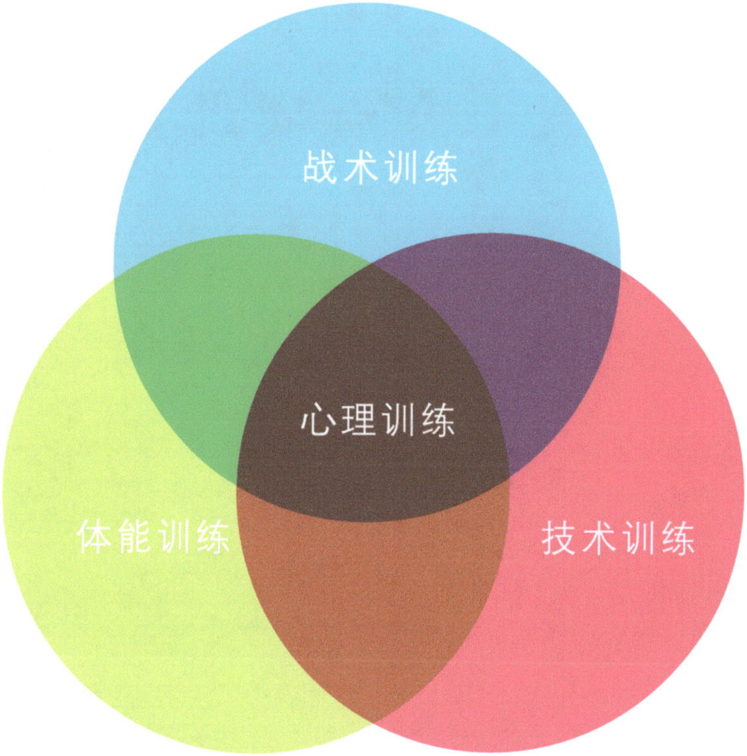

体能训练非常重要，虽然训练的过程枯燥乏味，但只要持之以恒，用必胜的信念去面对，就会有好的收获。体能训练同样会培养球员的运动品质，如积极的心态与好的情绪。技术训练以积累技术经验、提高实力为主，但同时也能培养良好的个人素质。战术训练将技术训练和思维训练结合在一起，能锻炼球员的集体思维能力，它也是表现团队合作的关键部分。而心理训练则更重要，它融合在每一种训练当中，不可能单独脱离这些训练而存在。不管是在训练中，还是在实战中，球员既要调节情绪进行比赛，还要分析对手的情况，及时应对赛场上的突发情况。

篮球运动的心理训练

篮球运动同样离不开心理训练。心理因素对篮球球员有着重要影响，它不仅影响着球员在场上的发挥，还影响着篮球队整体的技术发挥与战术制订。下面我们来解析一下怎样进行心理训练。

心理训练体系

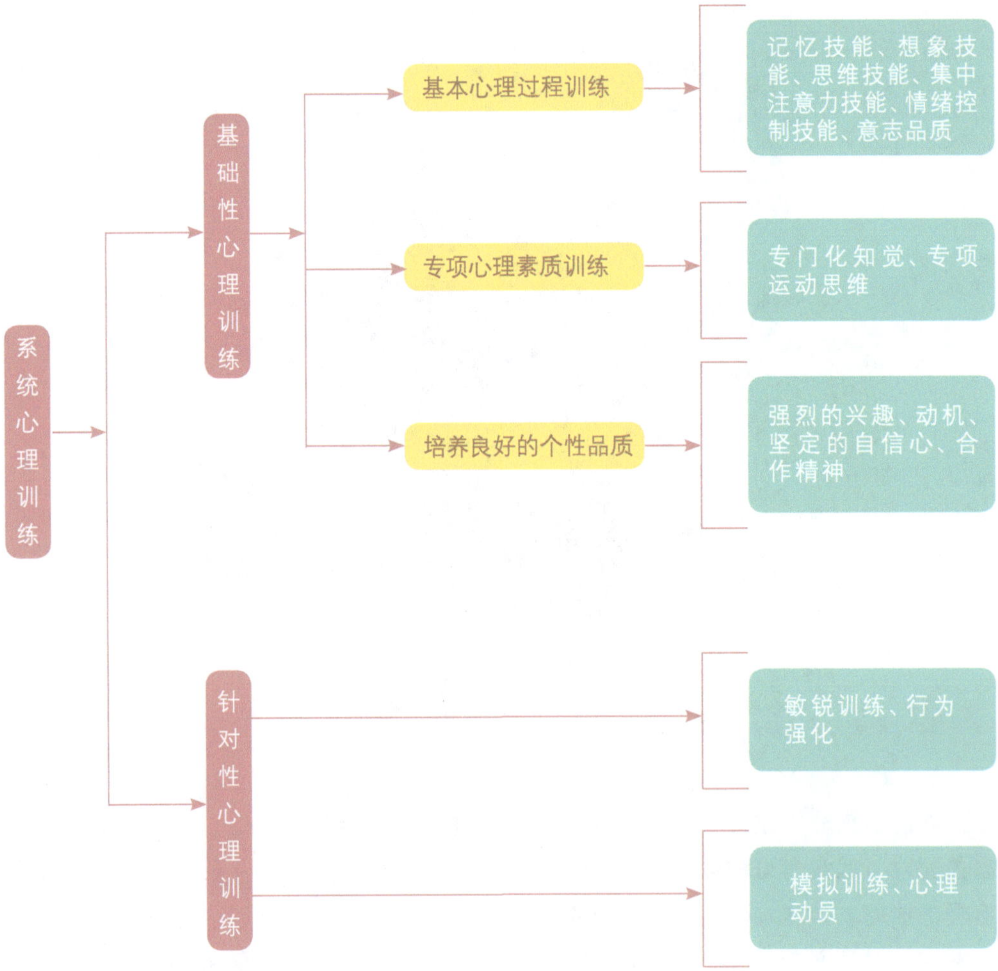

培养专注力

首先，球员要对篮球运动充满热爱，只有热爱篮球运动，才会有兴趣更深入地理解、学习，而且来自内部的动机更能使人全神贯注。这种强烈的热爱会促进训练的进行，使训练获得特殊的效果。

- 消除紧张情绪，赛前模拟大赛环境，故意营造喧闹气氛。
- 在不良天气下、不良环境中进行训练，使球员能够在各种环境下正常发挥。
- 可以采用转移注意力的方法，使球员将注意力转移到令其感到快乐的事情上。
- 可以采用信息隔绝的方法，避免使球员受到外界影响，从而消除球员的紧张情绪。

树立远大目标，勇攀高峰

自觉为理想而奋斗的精神，是各种意志形成的基础。球员要逐步提高动机水平，不断提高个人意志力。 在训练中，教练员应不断提出新的目标和要求，以激发球员的积极性，使他们在实现目标的过程中自觉行动。

培养自信心

自信心是影响球员在赛场发挥的重要心理因素。自信心会给球员带来积极影响，使其有自信和其他球员进行良好配合，从而在气势上给对手压力。在逆境中，自信心经常会给比赛带来意想不到的逆转。

培养吃苦耐劳和敢于克服困难的精神

在篮球比赛中，高对抗、高消耗会很快给球员带来疲劳感，要想更从容地发挥出各技战术水平，强大的心理是必不可少的。适当的体能训练可以提高球员的心理素质。

- 适当进行长跑耐力练习，即使非常累，也要完成新的任务。
- 在炎热的天气下或在风雨中坚持练习。

以上这些都是培养吃苦耐劳和敢于克服困难的精神的方法，球员在进行心理训练时可以借鉴。

培养自控能力，提高动作的稳定性

在篮球比赛中，球员要清醒地认识场上的状况，要有好的自控能力，不骄不躁，不气馁，这样才能发挥出最好的水平。

第2章

篮球基础技术训练前的热身练习

BASKETBALL

基础热身练习

在进行篮球训练前，需要先进行热身训练，为之后更为强烈的身体活动做准备，提高激烈运动的效率及安全性。

对侧手前后碰脚

扫描二维码看动作视频

1.直立姿势站立，双腿分开，双臂自然垂于身体两侧，目视前方。

2.左脚蹬地发力，使身体向上纵跳起来，右腿向前屈髋内收，用左手快速触碰右腿的踝关节。

3.右腿落下，换左腿向前屈髋内收，用右手快速触碰左腿的踝关节。

4.接着右腿向后屈膝，用左手快速触碰右腿的踝关节。

5.右腿落下，左腿向后屈膝，用右手快速触碰左腿的踝关节。

6.恢复至初始姿势。重复以上步骤，完成规定次数练习。

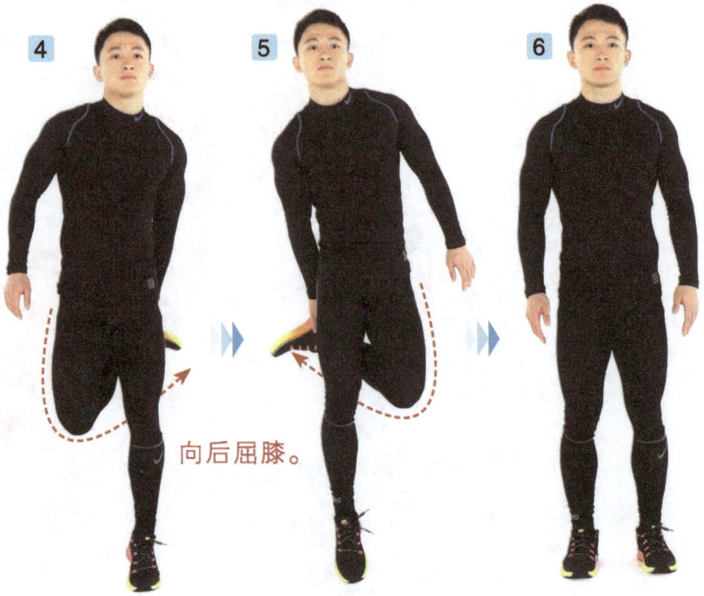

屈髋外展跳

扫描二维码看动作视频

培养身体协调能力及快速反应能力。

1～2.直立姿势站立，双腿分开，双手叉腰。接着身体向上跳起，右腿向前屈髋提膝。

3.左腿支撑身体，保持平衡，双手不动，右腿向右侧外展髋关节。

4～5.右腿收回落下，恢复至初始姿势。接着身体向上跳起，左腿向前屈髋提膝。

6～7.左腿向左侧外展髋关节，充分伸展髋部肌群。然后收回左腿，落下，恢复至初始姿势。重复以上步骤，完成规定次数练习。

垫步直腿跳

扫描二维码看动作视频

1.直立姿势站立，双腿分开，双手自然垂于身体两侧。

2.身体向上跳起，左腿向前屈髋伸膝，右手伸直触碰左脚脚尖，左手后摆。

3.换右腿向前屈髋伸膝，左手伸直触碰右脚脚尖，右手后摆。重复以上步骤，完成规定次数练习。

振臂跳

1.直立姿势站立，双腿分开，双手自然垂于身体两侧。

2～3.身体向上跳起，右臂伸直举过头顶，左腿屈髋屈膝。将大腿提至与地面平行。然后换左臂右腿，重复以上步骤，完成规定次数练习。

对侧肘碰膝垫步跳

扫描二维码看动作视频

1

2

右脚脚尖点地。

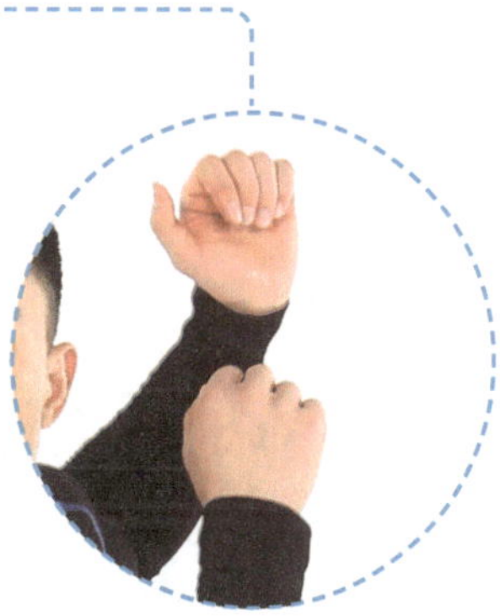

双手掌心相对，半握拳，置于头部左侧。

3

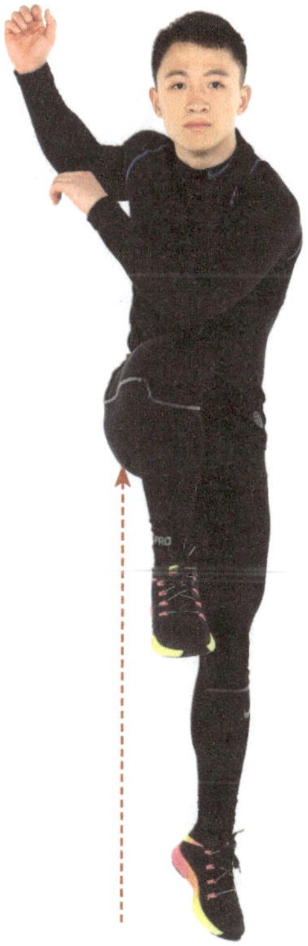

1.直立姿势站立，双腿分开，两脚之间距离与肩同宽，双手掌心朝内，自然垂于身体两侧，背部挺直，目视前方。

2.身体向上跳起，左腿屈髋屈膝，重心落于右脚，同时扭转身体，双臂屈肘，双手半握拳，用右肘触碰左腿膝关节。

3.换至右侧，右腿屈髋屈膝，同时扭转身体，双臂屈肘，双手半握拳，用左肘触碰右腿膝关节。重复以上步骤，完成规定次数练习。

体能提升练习

学习了基础的热身练习方法后，下面进行体能提升练习。体能提升练习有助于提高人体各项机能，强化身体各肌肉和关节的功能，提高身体抗损伤的能力。

桌式爬行

扫描二维码看动作视频

1

1.离地跪撑姿势，双臂伸直支撑于地面，双腿屈髋屈膝悬于地面，脚尖点地。背部平直，腹部收紧，面部朝下，背部挺直。

双脚脚尖点地。

2

右手向前移动。

2.接着右腿保持不动，左脚脚尖向前移动，同时右手跟着向前移动。

3

3.换右腿向前，右脚脚尖向前移动，同时左手跟着向前移动。重复以上步骤，完成规定距离练习。

小提示

动作要点

在运动过程中，膝盖离地面一拳距离，用对侧手脚交替向前爬行，注意动作应连贯、流畅。

鳄鱼爬行

扫描二维码
看动作视频

手掌扶于地面，支撑身体。

1.俯卧撑姿势，双臂伸直支撑于地面，双手在肩关节的正下方，双腿向后伸直，脚尖点地。

左脚向前移动。

2.右腿保持不动；左腿屈膝向前，靠近腹部，脚尖点地；同时右手跟着向前移动。

右脚向前移动，保持双脚脚尖点地。

3.继续换右腿屈膝向前，靠近腹部；同时左手跟着向前移动。重复以上步骤，完成规定距离练习。

跪姿俯卧撑

扫描二维码看动作视频

1

2

3

1.俯撑姿势，双手双膝撑地，双手距离略比肩宽，手臂伸直，双手与双膝支撑身体。

2.双臂屈肘，身体下沉至胸部几乎碰到地面，上臂与躯干夹角约为45度。

3.双臂伸直，快速推起身体，恢复至初始姿势，支撑点仍放在双手与双膝上。重复上述练习至规定次数。

小提示

动作要点

此动作主要训练胸大肌、三角肌前束和肱三头肌等。在运动过程中双手分开，距离略比肩宽，身体下沉至胸部几乎碰到地面，双臂推起身体。

俯卧撑

扫描二维码看动作视频

1

双脚脚跟向上抬起，脚尖点地。

1.俯撑姿势，双手双脚撑地，双手距离略比肩宽，手臂伸直，身体从头到踝呈一条直线。

2

身体重心下压，双臂屈肘。

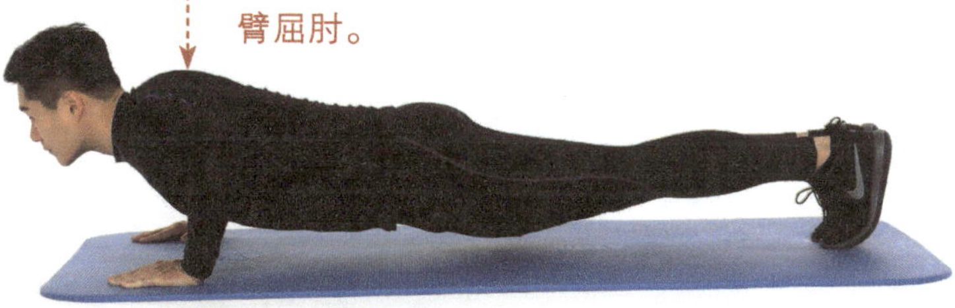

2.双臂屈肘，身体下沉至胸部几乎碰到地面，上臂与躯干夹角约为45度。

3

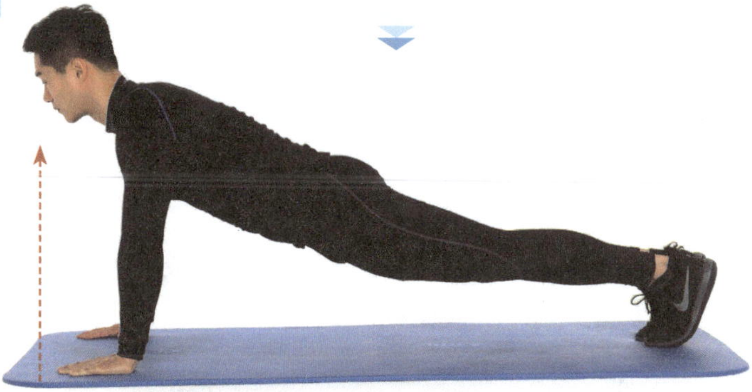

3.双臂伸直，快速推起身体，恢复至初始姿势，支撑点仍放在双手与双脚脚尖上。重复上述练习至规定次数。

小提示

动作要点

俯卧撑动作主要训练上肢、下背和腹部位置，是有效增强胸部肌肉的常见练习。在运动时身体保持挺直，腹部与背部需要收紧，身体下压，直至胸部贴近地面。

双脚跳

扫描二维码看动作视频

1

2

小提示

动作要点

起跳时注意双手保持抱头不动，核心肌群收紧，背部挺直。一般训练次数在10次以内。

1.直立姿势站立，双脚分开，两脚之间距离与肩同宽，背部挺直，腹部收紧，双手抱头置于脑后，目视前方。

2.屈髋屈膝下蹲至大腿与地面平行，双手保持不动。

3

4

3.起身的同时双脚发力，双腿伸直，顶髋向上跳起，注意双手保持不动。

4.双脚自然落地后，恢复至初始姿势。重复上述练习至规定次数。

分腿蹲

扫描二维码看动作视频

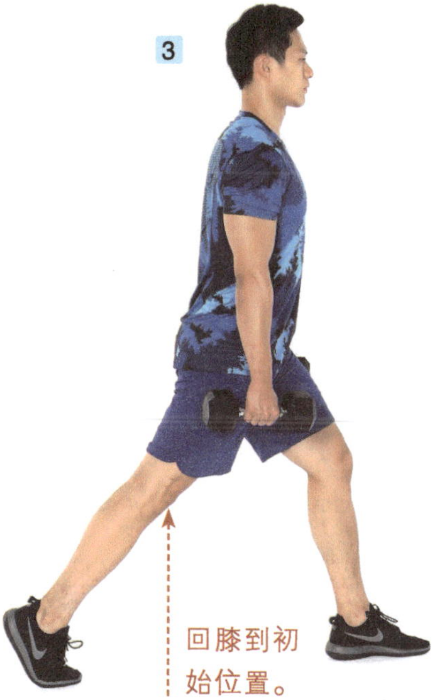

1.右腿向后伸直，脚尖点地；左腿微屈膝，呈左弓步姿势；双手握哑铃放于身体两侧，自然下垂；目视前方。

2.保持重心稳定，双腿屈膝向下蹲，注意左腿膝盖不要超过脚尖。

3.起身恢复至初始姿势。重复上述练习至规定次数，对侧亦然。

小提示

动作要点

在下蹲过程中左脚保持不动，下蹲至大腿与地面平行，右腿膝盖不要接触地面，双手的哑铃随着蹲起的位置移动，注意保持平衡，不要晃动。

开合跳

扫描二维码看动作视频

双脚分开，与肩同宽。

击掌时，双手掌心相对，用指尖完成击掌。

双脚发力向上跳起。

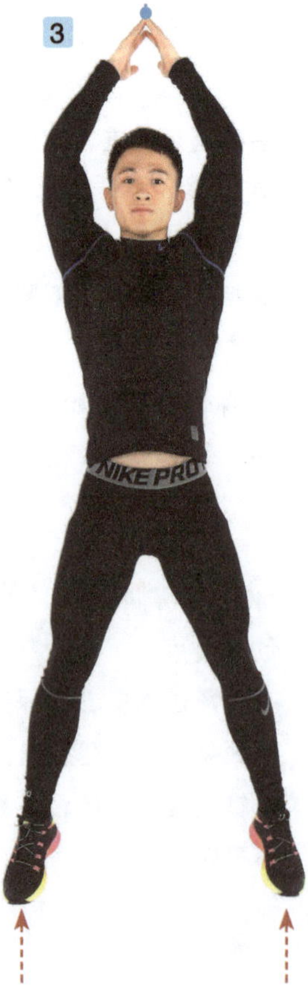

1.直立姿势站立，双腿分开，两脚之间距离与肩同宽，双手掌心朝内，自然垂于身体两侧，背部挺直，目视前方。

2～3.双脚发力向上跳起，双腿分开，双臂先向身体两侧外展，然后完成击掌。重复以上步骤，完成规定次数或规定时间练习。

波比跳

扫描二维码看动作视频

1

2

双脚脚尖点地。

4

身体重心下压，双臂屈肘。

3

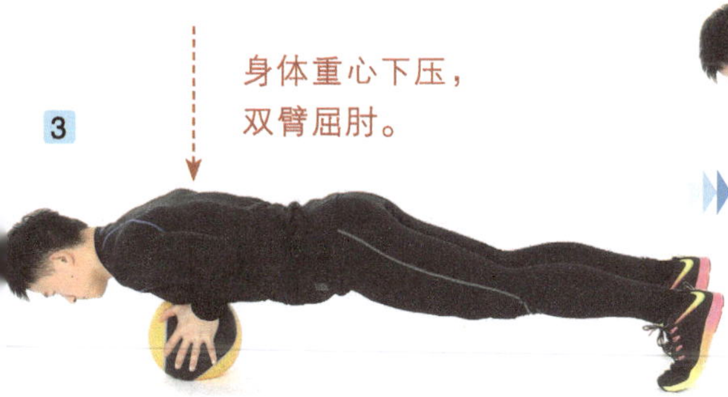

小提示

动作要点

波比跳是一种在短时间内完成的高强度全身训练，它结合了俯卧撑、深蹲和垂直跳跃等动作，过程一气呵成，球员通过练习可以提高身体稳定性和协调能力。

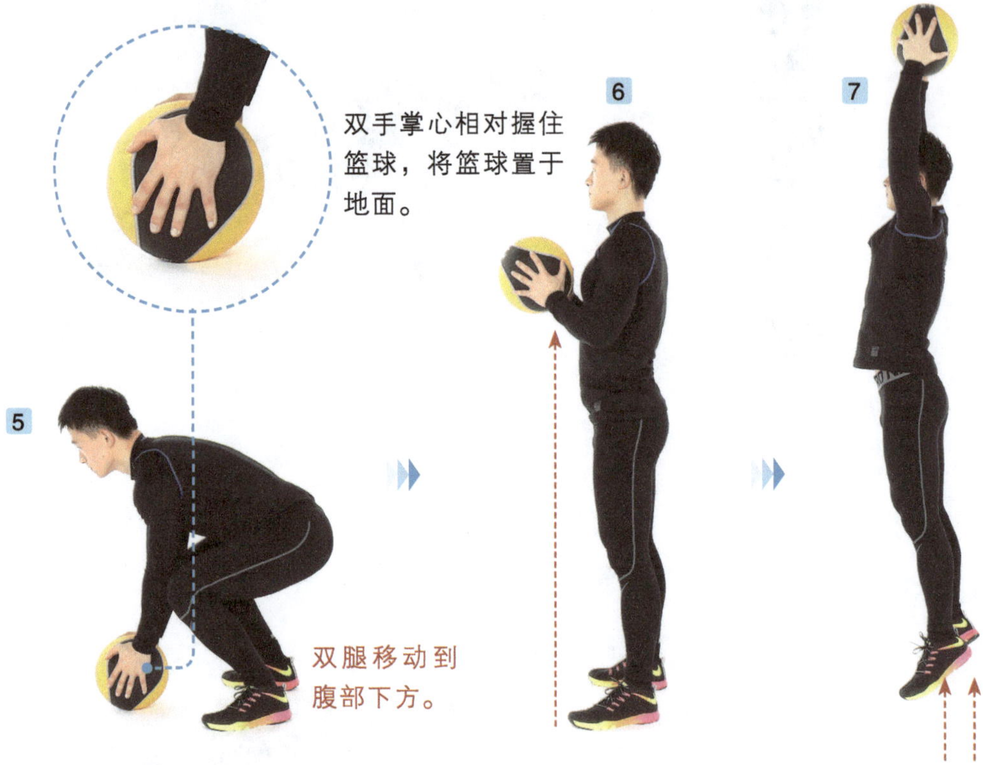

1.直立姿势站立，双腿分开，两脚之间距离与肩同宽，双手掌心相对，将篮球置于胸前，背部挺直，目视前方。

2.下蹲，双手按球，双脚后跳，脚尖撑地，呈俯撑姿势。双臂伸直撑起身体。

3.双臂屈肘，身体下沉至胸部碰到篮球，上臂与躯干夹角约为45度。

4.接着双臂伸直，快速推起身体，支撑点仍放在双手与双脚脚尖。

5.双脚快速向前移动，使身体变为下蹲姿势。

6～7.身体快速直立并向上跳起，同时双臂向上推举篮球，使篮球超过头顶至手臂完全伸展。

8.下落后恢复至初始姿势，身体直立，双手将篮球举至胸前。重复上述练习至规定次数。

第3章

篮球基础技法练习

BASKETBALL

扫描二维码看动作视频

练习 1 非持球姿势

训练难度： ★

训练简介： 非持球姿势是所有篮球技术动作中最基本的一种姿势，掌握好此动作对于在赛场上前后移动接球有着至关重要的作用。

练习场地： 不限场地。

球员保持站立姿势，双脚分开，略比肩宽或与肩同宽，双臂屈肘并置于胸前，掌心朝前正对篮球，目视前方。

练习 2 持球姿势

扫描二维码看动作视频

训练难度： ★

训练简介： 此动作同样是所有篮球技术动作中的基本姿势，熟练掌握后，对于在赛场上前后移动接球有非常重要的作用。

练习场地： 不限场地。

球员保持站立姿势，双脚分开，略比肩宽，双臂屈肘并置于胸前，掌心相对握住篮球，目视前方。

练习 3 拍球姿势

扫描二维码看动作视频

训练难度： ★★

训练简介： 此动作是球员在原地或移动中，用单手连续拍按从地面反弹起来的篮球的基本动作。

练习场地： 不限场地。

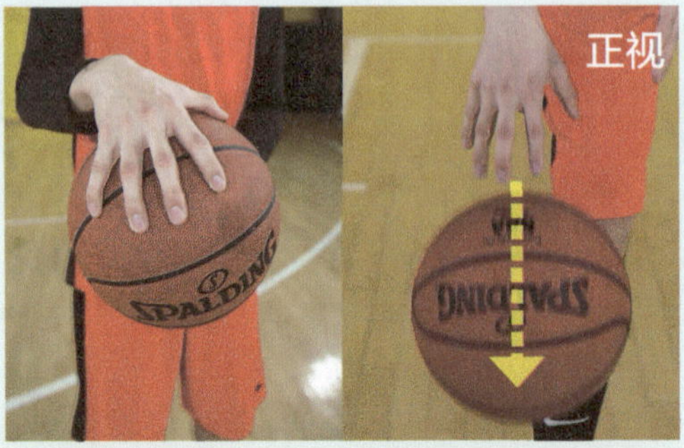

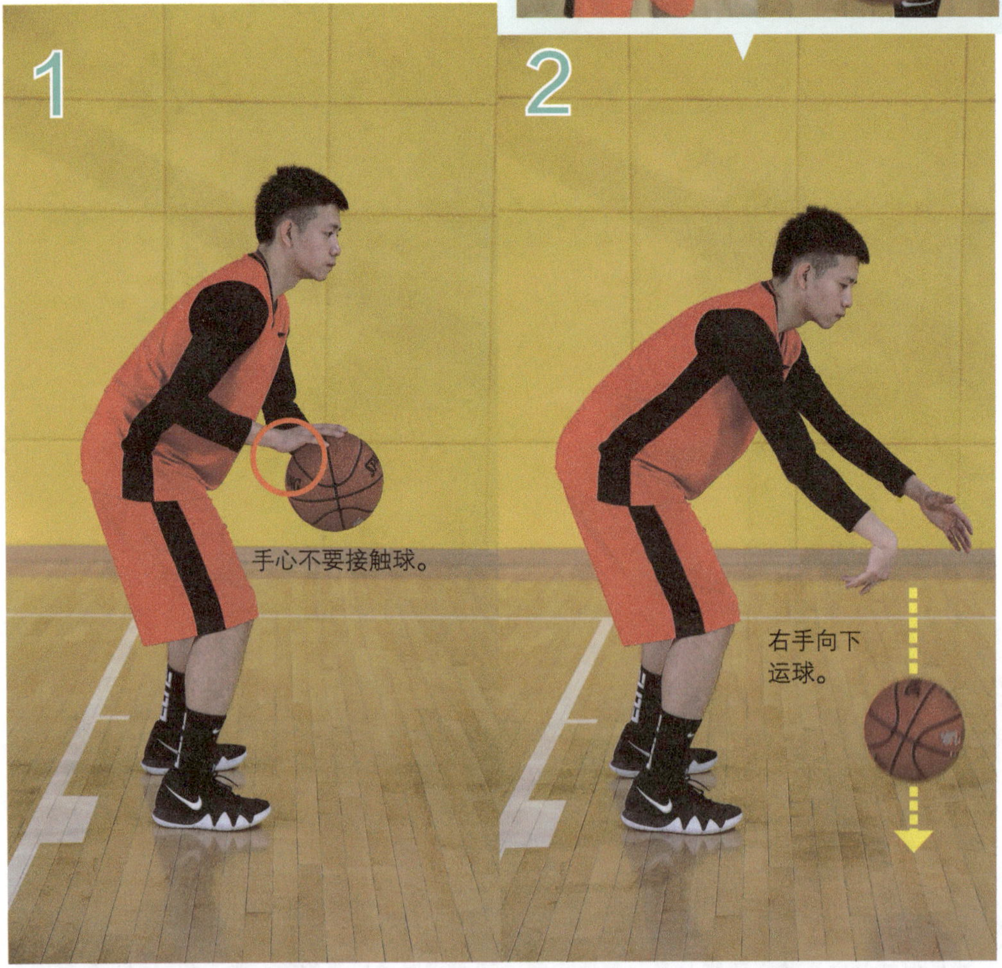

1.双脚分开，略宽于肩或与肩同宽，屈膝，重心下移，双手持球置于身体右侧。

2.右手持球，以右手腕为轴，用手腕和手指的力量向下运球，左手在体前护球。

练习 4 防守姿势

扫描二维码看动作视频

训练难度： ★

训练简介： 训练防守基本姿势是为了使球员在对方球员快速移动时，可以更加快速、灵活地移动，以防守对方球员的传球或投篮。

练习场地： 不限场地。

和进攻时的基本姿势相比，防守姿势更需要降低重心，球员右脚在前，左脚在后（也可以双脚平行），双脚之间的距离略比肩宽，屈膝，双手向两侧张开，左手高于右手（反之亦可），与肩部同高。

练习 5 防守姿势（对方开始运球时）

扫描二维码看动作视频

训练难度： ★

训练简介： 此动作是在对方球员开始运球时所使用的防守姿势，可以有效防止对方球员突然传球或投篮。

练习场地： 不限场地。

当对方球员将球向下移动准备运球时，球员双脚分开略比肩宽，屈膝，重心下移，双臂微屈向两侧张开，掌心朝前加以应对。

练习 6 双脚错开姿势（脚步位置 1）

训练难度： ★

训练简介： 双脚错开姿势是在身体侧向面对对方球员时所使用的姿势，双脚一前一后分开站立，方便进攻与防守的转换。

练习场地： 不限场地。

练习 7 平行姿势（脚步位置 2）

训练难度： ★

训练简介： 平行姿势是身体正向面对对方球员时所使用的姿势，双脚平行分开站立，方便观察球场周围情况。

练习场地： 不限场地。

练习 8 三威胁

扫描二维码看动作视频

训练难度： ★★

训练简介： “三威胁”是在任何情况下都能够投篮、运球或传球的姿势，有助于施展各类技巧。

练习场地： 不限场地。

小提示

正确的持球姿势

张开手指，双手用力持球。为了保证手感，不要让掌心贴紧球面，要在掌心和球面之间留下一指宽的距离。另外，保持手腕和中指在同一条直线上也是非常重要的。

▶ 图中持球姿势过高

三威胁姿势

▶ 投篮

持球后首先要记得目视篮筐，准确瞄准篮筐会使对手的防守难度增加。

▶ 运球

在想要保持球权或过人时，运球会派上大用场。熟练掌握运球技巧可以成为擅长1对1比赛的球员。

▶ 传球

篮球运动是5对5的团队竞技运动，球员要多运用能够发挥队友能力的传球技巧。

练习 9 蹲起运动

扫描二维码看动作视频

训练难度： ★★

训练简介： 此练习的目的是帮助球员掌握练球的基本姿势。反复练习起身、下蹲，能够让球员更好地掌握正确的练球基本姿势。

练习场地： 不限场地。

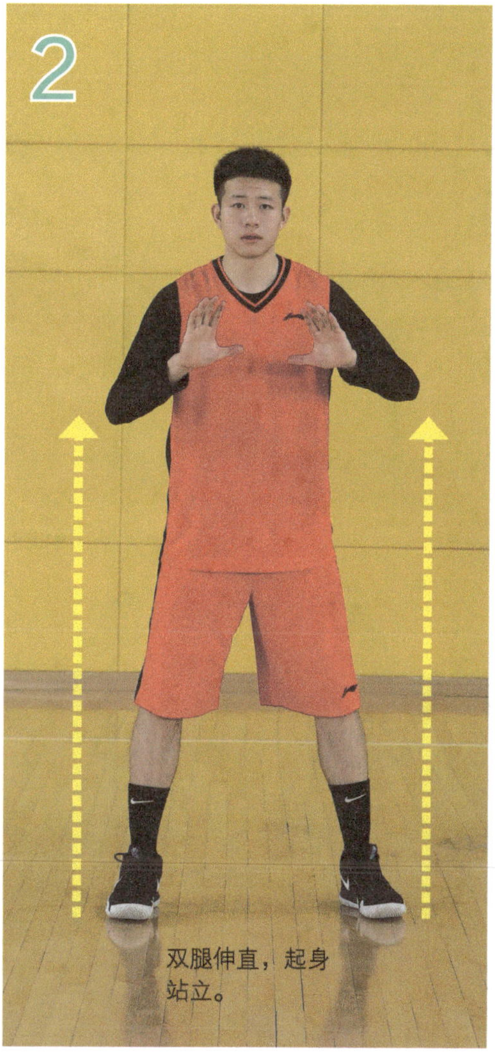

1.双脚分开，与肩同宽，屈膝，重心下移，双臂屈肘，双手掌心朝前置于胸前。

2.接着双腿伸直，起身，呈直立姿势。

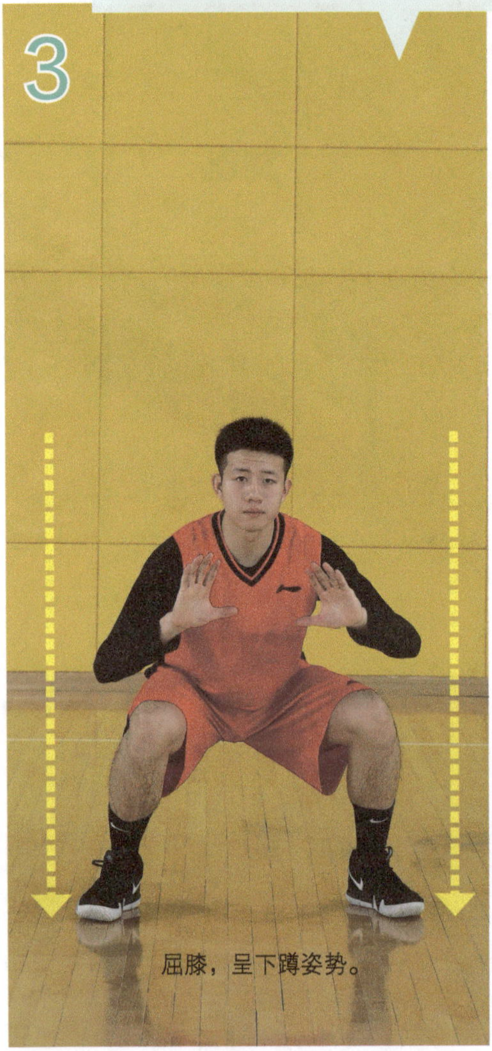

3.然后膝盖弯曲，重心下移，下蹲至大腿与地面平行。

4.最后起身，保持屈膝，双手姿势不变置于胸前。

练习 10 跳步急停

训练难度： ★★★

训练简介： 传球时随球移动并轻轻跳跃，在空中接球，这是非常基本的一个动作。训练此动作可以更好地完成接球动作。

练习场地： 不限场地。

1.左脚在前，右脚在后，双脚间距略比肩宽或与肩同宽，屈膝，重心下移，双手掌心朝下置于身体右侧。双脚保持基本姿势，双手随着球移动。

2.左脚向前迈步，重心前移，右脚脚尖点地，默算时间，快接到球的时候双手向上抬起，掌心朝前，双手呈接球姿势置于胸前，准备轻轻向上跳跃。

小提示

接球方式

跳步急停是跳跃后双脚同时着地的一种接球方式，用此方法接球，两只脚都可以作为轴完成旋转动作。

3～4.在腾空时准确地接到球，并将球置于体前。双脚着地后迅速开始下一个动作。

练习 11 跨步急停

扫描二维码看动作视频

训练难度： ★★★

训练简介： 跨步急停与跳步急停不同的是，跨步急停在接球时单脚交替着地，因此也被称为“一二步停”。在比赛中要根据不同情况选择不同的方法，这两种方法球员都要熟练掌握。

练习场地： 不限场地。

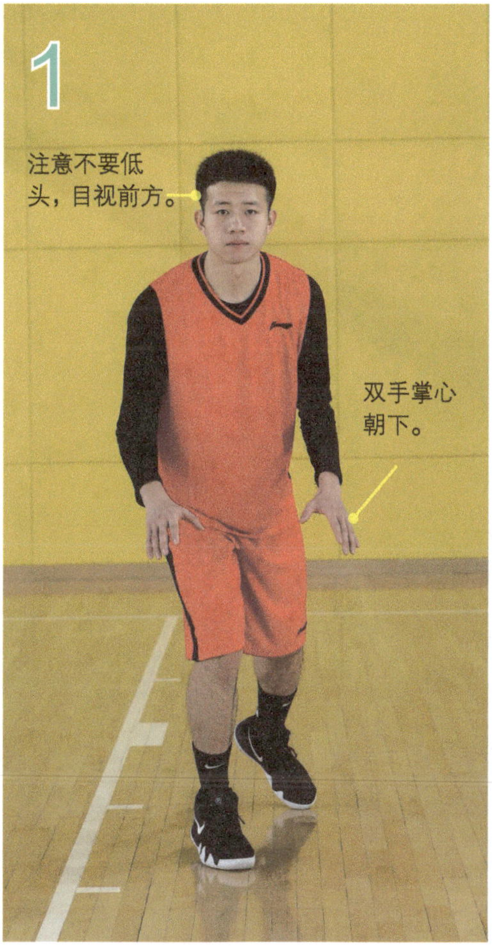

1.右脚在前，左脚在后，屈膝，重心下移，双手掌心朝下置于身体两侧。保持基本姿势，双手随着球移动。

2.左脚向前迈步，重心前移，右脚脚尖点地，默算时间，快接到球的时候双手掌心朝前呈接球姿势，准备轻轻向上跳跃。

小提示

接球方式

接球时屈膝，重心落于左脚。右腿屈膝向后抬起，小腿与地面平行。

3～4.双脚轻轻向上跳跃，双手在空中接住球，置于体前，单脚落地，重心落于左脚，右腿屈膝向后抬起。双手持球置于身体右侧，左脚保持不动，右脚落地后迅速开始下一个动作。

练习 12 90 度前后转

扫描二维码看动作视频

训练难度： ★★

训练简介： 此动作是以一只脚为轴让身体向前和向后回转90度，通过练习，球员可以记住移动脚和轴脚的运行方法。

练习场地： 不限场地。

2～3.以左脚为轴，身体向左侧转动，同时重心前移，右脚脚尖点地。转体后，左脚保持不动，右脚向前迈一步，使双脚平行，双手持球，将篮球置于体前。

1.双脚分开，两脚之间的距离略比肩宽，屈膝，重心下移，双手持球置于身体右侧，目视前方。

小提示

正确的转体姿势

要注意轴脚不要离开地面，膝盖有意识地用力，使身体迅速转体。在转动的过程中头部的高度尽量不要发生变化。

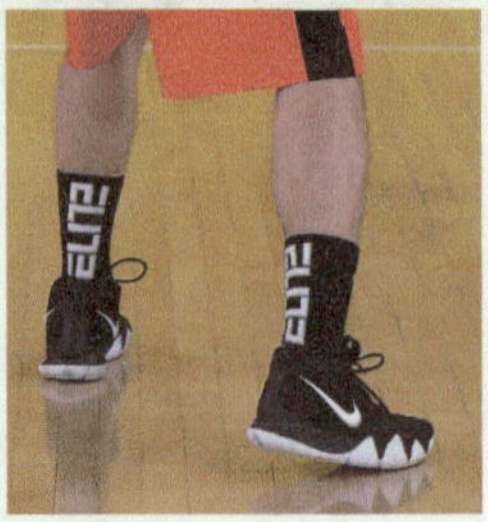

4～5.恢复至初始姿势，接着以右脚为轴，身体向右侧转动，同时重心前移。

（注：该练习的参考视频示范的是以左脚为轴，连续向前转体90度的动作，以右脚为轴的动作要点与此相同。）

6.转体后，右脚保持不动，左脚向前迈一步，使双脚平行，双手持球，将篮球置于体前。

练习 13 180 度前后转

扫描二维码看动作视频

训练难度： ★★★

训练简介： 与90度前后转相比，180度前后转的角度更大，对转体的精确度的要求也更高。180度前后转是防止对方防守球员触摸到球的一种护球技术。

练习场地： 不限场地。

1.双脚分开，两脚之间的距离略比肩宽，屈膝，重心下移，双手持球置于身体右侧。

2.以左脚为轴，身体向左侧转动，同时重心前移，右脚脚尖点地。

3.右脚向前跟一步，同时身体继续向左后方转动。

4.右脚落地后，双脚平行，双手持球，将篮球置于身体左侧。

6～7.以右脚为轴，左脚向后迈步，同时身体向左后方转动，左脚落地时脚尖先着地。

5.恢复至初始姿势，双脚分开，两脚之间的距离略比肩宽，屈膝，重心下移，双手持球置于身体右侧。

8.左脚落地后，双脚平行，双手持球，将篮球置于身体左侧。

小提示！

强化平衡感

在熟练掌握 90 度转体后，可以开始练习 180 度转体。要时刻注意头部的高度尽量不要发生变化，视线应转向目标方向，此练习有助于强化身体的平衡感。

（注：该练习的参考视频示范的是以左脚为轴，向前转体180度的动作，以右脚为轴的动作要点与此相同。）

练习 14 变向

训练难度： ★★★

训练简介： 变向是让球在身体前方左右移动的技术，常在过人或变换方向时使用。

练习场地： 不限场地。

3.继续运球前进，同时观察场上情况，在适合的地方，快速以小步伐踏步，逐渐停止运球。

1～2.左脚在前，右脚在后，屈膝，重心下移，双手持球置于身体右侧。右脚向前迈出一步，右手在身体右侧向下拍打运球。

4.右脚向右前方迈一大步，降低重心，右手掌心朝左持球，准备左右手交换篮球。

5.左手接住篮球，身体同时向左侧变向运球。

6.提高速度，运球甩开防守。

小提示

动作要迅速连贯

体前变向时注意保持低高度运球。整体动作应迅速、有力，要连贯完成低高度的变向。

练习 15 双脚起跳

扫描二维码看动作视频

训练难度： ★★★

训练简介： 双脚起跳是在比赛中运用频率最高的动作之一，球员双脚同时向上跳起，将双臂向上伸出。

练习场地： 不限场地。

1.双脚自然分开，屈膝，重心下移。抬头，背部挺直。双臂屈肘贴近身体，重心放在脚掌上。

2～3.双腿发力向上跳起，同时伸展身体，双臂向上伸直。（在比赛中可根据场上形势和起跳目的来选择手部的动作，如投篮、接球、防守。）

扫描二维码看动作视频

练习 16 单脚起跳

训练难度： ★★★

训练简介： 单脚起跳是球员单脚向上跳起的动作，其要点是要尽量跳得高，腰部有意识地向上提起。

练习场地： 不限场地。

小提示

动作要点

此动作要注意躯干和双脚脚趾要正对篮筐，右腿大腿抬至与地面平行。

1

2

1～2.左脚在前，右脚在后，屈膝，双臂贴紧身体向后伸。左腿伸直向上跳起，右腿抬起，大腿平行于地面，双臂向上伸出。（在比赛中可根据场上形势和起跳目的来选择手部的动作，如投篮、接球、防守。）

练习 17 球的移动（左右胯—左右耳）

扫描二维码看动作视频

训练难度： ★★

训练简介： 球的移动（左右胯—左右耳）是先将球在胯部两侧移动，然后在耳朵两侧移动的练习方式。通过练习，球员可以在比赛中灵活控制球的位置，防止对方防守球员抢夺篮球。

练习场地： 不限场地。

基本姿势
基本控制
基本球性
基本步法

1.双脚分开，略比肩宽或与肩同宽，屈膝，重心下移，双手掌心相对，将篮球置于胯部右侧。

2.双手持球，将篮球移动到胯部左侧，双脚保持不动。

小提示

防止对方球员抢夺篮球

两手在胸前持球是基本动作，但是球一直放在胸前容易被对方球员抢夺，为了防止这一情况发生，球员必须要学会带球移动，让球灵活地在胯部和耳朵两侧移动。

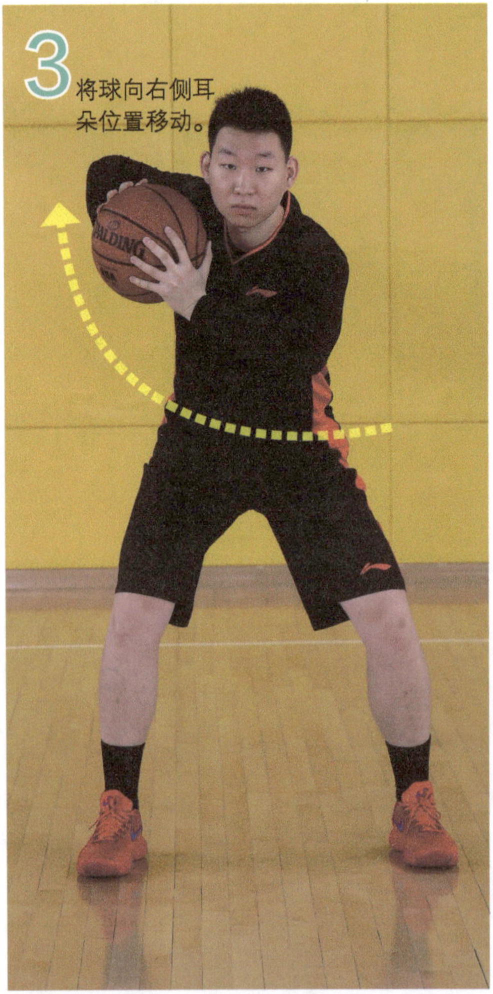

3. 接着将篮球向右上方移动至右侧耳朵位置，双臂屈肘，双手掌心相对。

4. 将篮球向左侧耳朵位置移动，注意不要低头看球。

练习 18 球的移动（膝—胯—耳）

训练难度： ★ ★

训练简介： 此动作是将篮球从膝部位置移动到胯部和耳朵位置，在做此动作时，要全程保持屈膝、重心下移的姿势。

练习场地： 不限场地。

1～2.双脚分开，两脚之间的距离略比肩宽，屈膝，重心下移，双手掌心相对，将篮球置于胯部右侧，目视前方。接着以左脚为轴，右脚向左前方迈步，身体随着转动，重心前移，将篮球置于右膝内侧。

基本姿势
基本控制
基本球性
基本步法

3～4.仍以左脚为轴，方向与1～2相反，回到初始姿势。

5.然后继续以左脚为粙，右脚继续向前迈步，重心前移，左脚脚尖点地，双手将篮球移至左侧耳朵位置。

6.左脚位置不变，重心后移，右脚脚尖向上抬起，准备向后撤步，篮球随之移动。

7～8.左脚位置仍不变，右脚向后撤步，双脚平行，双手将篮球举过头顶。然后恢复至初始姿势，将篮球置于身体右侧。

小提示

动作要迅速连贯

在移动篮球的过程中，注意不要破坏身体的平衡，应迅速、连贯地完成整个动作。

练习 19 球的移动（左右膝—头顶）

训练难度： ★ ★

训练简介： 此动作是将篮球从膝部两侧移动到头顶的位置，注意篮球不要离身体过远。

练习场地： 不限场地。

双手掌心相对持球，置于头顶。

1～2.双脚分开，两脚之间的距离略比肩宽或与肩同宽，屈膝，重心下移，双手持球置于右腿膝盖右侧，接着重心左移，右脚向前迈步，将篮球向左腿膝盖左侧移动。

3.然后起身，双手将篮球举过头顶，注意运动过程中不要低头看球。

小提示

动作要点

在比赛中，将篮球快速左右移动和向上移动，可使对方球员无法抢球且便于球员进行下一个动作。

练习 20 颈部盘球

扫描二维码看动作视频

训练难度： ★★★

训练简介： 颈部盘球训练的是当球在头部周围时手对球的掌控能力，这就要求身体与球之间要有很好的协调性，要求速度快，而且不能碰到头部。

练习场地： 不限场地。

1.双脚分开，略比肩宽或与肩同宽，双手持球，将篮球置于体前。

2.右手掌心朝上，单手持球，从头部右后侧开始绕球。

3.将球从头部右侧绕向头部后侧，左手接球。

双手持球时，手指张开，用指腹的力量抓牢篮球。

4～5.左手接到球后，恢复至初始姿势，双手持球，将篮球置于体前。

注：此为完成了一次颈部盘球练习，也可连续盘球，完成规定次数后再恢复至初始姿势。从左向右颈部盘球的方法与此相同，仅是方向相反。

练习 21 躯干盘球

扫描二维码看动作视频

训练难度： ★★★

训练简介： 躯干盘球训练的是当球在身体中段时手对球的掌控能力。练习时身体动作要协调。

练习场地： 不限场地。

1～2.双脚分开，略比肩宽或与肩同宽，屈膝，重心下移，双手掌心相对，将篮球置于体前，目视前方。接着右手掌心朝上单手持球，左手掌心朝右在体前护球。

3.右手持球，从躯干右侧开始绕球。注意球不能贴着躯干，要快速绕球。

4.将球从躯干右侧绕向躯干左侧后，左手准备接球。

5.接到球后左手掌心朝上，右手移至体前，运动过程中双脚保持不动。

6.然后恢复至初始姿势，双手持球，将篮球置于体前。

注：此为完成了一次躯干盘球练习，也可连续盘球完成规定次数后再恢复至初始姿势。

小提示

动作要点

在右手单手持球时，五指张开，用指腹抓住篮球，从腰的一侧开始向另一侧绕球，手肘稍微弯曲。

练习 22 膝盖盘球

扫描二维码看动作视频

训练难度： ★★★

训练简介： 膝盖盘球训练的是当球在身体下段时手对球的掌控能力，这就要求球员与球之间要有很好的协调性。

练习场地： 不限场地。

基本姿势
基本控制
基本球性
基本步法

1.双脚自然分开，屈膝，重心下移，双手掌心相对，将篮球置于膝盖前，目视前方。

2.右手持球，从膝盖右侧开始绕球，左手自然下垂于身体左侧。

3.右手单手持球绕到双膝后方的时候，左手接球，上体仍前倾。

4.左手持球，右手松开自然下垂，左手持球向前绕球。

5.最后将球绕到双膝前方，双手持球。

小提示

动作要点

当将球绕到膝盖左侧时，手腕弯曲，左手张开五指托住球，用指腹抓住篮球，准备向身前绕球。

练习 23 单脚盘球

扫描二维码看动作视频

训练难度： ★★★

训练简介： 此动作是将篮球围绕着脚部进行环绕的动作，可以训练当球在脚周围时手对球的掌控能力，能增强球员身体的协调性。

练习场地： 不限场地。

1～2.右脚在前，左脚在后，两脚之间的距离略比肩宽，屈膝，重心下移，右手指尖控球，将篮球置于右脚外侧，左手自然下垂，置于体前，目视前方。接着右手持球，从右脚外侧开始绕球。

3.右手将球绕至右脚后方，左手准备接球。注意球不能碰到脚。

基本姿势　基本控制　基本球性　基本步法

4.将球从右脚外侧绕向右脚内侧后，左手接球，同样是用指尖控球。

5.左手接到球后，将球从右脚内侧移至右脚前方，运动过程中双脚保持不动。

6.接着换右手指尖控球，将球移至右脚外侧，恢复至初始姿势。

注：若刚开始无法做到不低头看球，可以从低头看球做起，慢慢过渡到不看球，其余练习同理。

小提示

控球方式

右手用食指、中指和无名指的指尖发力，控制球的移动，注意不要用整个手掌去控球。

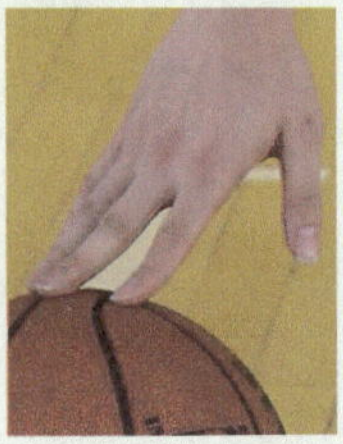

练习24　“8”字盘球

扫描二维码看动作视频

训练难度： ★★★

训练简介： “8”字盘球是指通过双手指尖控球，使篮球在两腿间按“8”字的轨迹移动，训练此动作可以提高球员控制篮球的能力。

练习场地： 不限场地。

1～2.双脚分开，两脚之间的距离大于肩宽，屈膝，重心下移，右手指尖控球，将篮球置于右脚内侧，左手置于体前。接着右手指尖控球，将篮球从右脚内侧绕向右脚外侧。

3.右手将球绕至右脚后方，左手准备接球。注意球不能碰到脚。

4.右手将球从右脚后方绕到两脚中间，左手接球，同样是用指尖控球。

5.左手接到球后，将球移至左脚外侧，运动过程中双脚保持不动。

6.用左手指尖控球，继续将球绕至左脚后方，右手准备接球。

7.用右手指尖接住从左脚后方绕过来的篮球，左手自然下垂，置于身体左侧。

8.继续将球从两脚中间向右脚内侧移动。重复以上动作。

练习 25 胯下盘球

扫描二维码看动作视频

训练难度： ★ ★ ★

训练简介： 训练胯下盘球是为了让球员更好地撑握在双腿间运动的球，常在篮球训练前的准备活动中进行此训练。

练习场地： 不限场地。

1.双脚分开，两脚之间的距离大于肩宽，屈膝，重心下移，双手持球。

2.左手持球将篮球从左腿内后侧绕向左腿外侧。

3.右手接球后，将篮球绕向双腿中央。

小提示

动作要点

在绕球时，双膝要弯曲，重心下移，用双手牢牢抓住篮球，在双腿膝关节部位进行“8”字绕球。

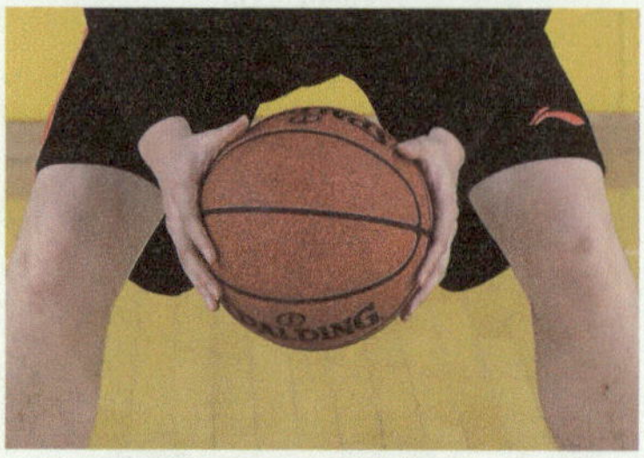

4. 双手将篮球移至两腿膝盖中间，恢复至初始姿势，准备向右侧绕球。

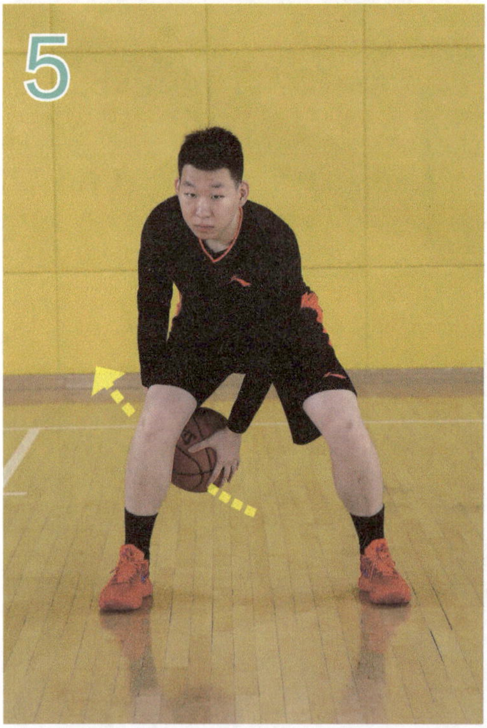

5. 上身前倾，右手持球将篮球从右腿内后侧绕向右腿外侧。

6. 左手接球后重复以上动作，在双腿之间进行“8”字绕球。

练习 26 S 形盘球

扫描二维码看动作视频

训练难度： ★★★

训练简介： 此动作是指用双手的指尖控制球的移动，使篮球在两脚间按“S”形的轨迹移动。通过练习，球员可以很好地提升球感。

练习场地： 不限场地。

1.双脚分开，两脚之间的距离大于肩宽，屈膝，重心下移，右手指尖控球，将篮球置于右脚前方，左手置于体前。

2.接着右手持球，将篮球从右脚前方绕至右脚外侧。

3.右手将球绕至右脚后方，左手准备接球。注意球不能碰到脚。

4.左手接球后，同样是用指尖控球。

小提示

控球方式

注意用双手手指的指尖发力来控制球的移动。

5～7.左手持球，将球从两脚之间绕至左脚外侧，接着继续绕回两脚之间，右手准备接球。

8.右手接到球后，将球绕至右脚后方，注意运动过程中双脚保持不动。

9.接着将球从右脚后方继续绕至右脚外侧。重复以上动作，在双脚之间进行S形绕球。

练习 27 背后绕球（右手）

扫描二维码看动作视频

训练难度： ★★★

训练简介： 背后绕球（右手）是用右手在身后将球传给左手的练习方式，球员通过练习可以锻炼当球在身后时用手去感觉球的能力。

练习场地： 不限场地。

1.双脚分开，两脚之间的距离略比肩宽，屈膝，重心下移，双手掌心相对，将篮球置于体前。

2.右手持球，从腰部右侧绕球，绕到腰部后方时，右手转动手腕，掌心朝上托住球，左手准备接球。

小提示

动作要点

球员通过练习，可以对右手手腕在身后拨球的力量及右手控球能力进行训练。当在背后用右手拨球时，右臂屈肘，右手掌心朝上托住球，手腕向上翻转。

3.用右手手腕的力量将球向左肩上方拨出，身体保持不动。

4.用左手接住球，然后绕回体前。

练习 28 背后绕球（左手）

扫描二维码看动作视频

训练难度： ★★★

训练简介： 背后绕球（左手）是用左手在身后将球传给右手的练习方式，练习方法与背后绕球（右手）相同。

练习场地： 不限场地。

1.双脚分开，两脚之间的距离略比肩宽，屈膝，重心下移，双手掌心相对，将篮球置于体前。

2.左手持球，从腰部左侧绕球，绕到腰部后方时，左手转动手腕，掌心朝上托住球，右手准备接球。

3.用左手手腕的力量将球向右肩上方拨出，身体保持不动。

4.用右手接住球，然后绕回体前。

练习 29 背后绕球拨接

扫描二维码
看动作视频

训练难度： ★★★

训练简介： 此练习在上一个练习的基础上增加了拨接球。只要掌握好背后绕球的技术要点，此训练并不难。

练习场地： 不限场地。

基本姿势
基本控制
基本球性
基本步法

1.双脚分开，两脚之间的距离略比肩宽，屈膝，重心下移，双手掌心相对，将篮球置于体前。

2.右手持球，从腰部右侧绕球，绕到腰部后方时，右手转动手腕，掌心朝上托住球，左手准备接球。

3～4.用右手手腕的力量带动手指快速向左上方拨球，用左手接住球。

5.用左手手腕的力量向右手回拨球，右手准备接球。

6.右手迅速接住球，运动全程双脚始终保持不动。

练习 30 头部转腰部绕球

扫描二维码看动作视频

训练难度： ★★★

训练简介： 头部转腰部绕球是在分别熟悉了头部和腰部绕球的基础上，提高了难度的练习。此动作是将球从头部转到腰部，球员应反复进行绕球练习。

练习场地： 不限场地。

1.双脚分开，两脚之间的距离略比肩宽或与肩同宽，双手掌心相对，将篮球置于体前，目视前方。

2.右手掌心朝上，单手持球从头部右侧开始绕球。球不能贴着头部，要快速绕球。

3.将球从头部右侧绕向头部后侧后，左手准备接球，双手掌心相对，握住球的两端。

4.左手接到球后，右手松开球，左手掌心朝上托住球。

5.恢复至初始姿势，双手持球，将篮球置于体前。

6.右手单手持球，左手在体前护球。

小提示

动作要点

此练习是为了训练当球从身体上段转中段时手对球的综合掌控能力。整个动作要迅速、连贯。

7.将球从腰部右侧绕向腰部左侧后，左手准备接球。

8.左手接到球后，右手自然下垂，置于身体右侧。

9.然后恢复至初始姿势，双手持球，将篮球置于体前。

练习 31 腰部转头部绕球

扫描二维码看动作视频

训练难度： ★★★

训练简介： 前面学习了头部转腰部绕球，接下来学习腰部转头部绕球，球员应反复进行绕球练习。

练习场地： 不限场地。

1.双脚分开，两脚之间的距离与肩同宽，双手掌心相对，将篮球置于体前，目视前方。

2.右手掌心朝上托住球，从腰部右侧开始绕球。

3.右手将球从腰部右侧绕向腰部左侧后，左手准备接球。

4.左手掌心朝上接到球后，右手自然下垂，置于身体右侧。

5～7.恢复至初始姿势，双手持球，将篮球置于体前。接着右手掌心朝上，单手持球从头部右侧开始绕球。将球从头部右侧绕向头部后侧后，左手准备接球，双手掌心相对握住球。

8.左手接到球后，右手松开球，左手掌心朝上托住球。

9.然后恢复至初始姿势，双手持球，将篮球置于体前。

小提示

动作要点

此动作的练习是为了训练当球从身体中段转上段时手对球的综合掌控能力，绕球时注意球不要碰到头部。

练习 32 腰部转腿部绕球

扫描二维码看动作视频

训练难度： ★★★

训练简介： 腰部转腿部绕球是在分别掌握了腰部和腿部绕球的基础上，将球从腰部转到腿部的练习，通过反复练习，球员的球感会更好。

练习场地： 不限场地。

1. 双脚分开，两脚之间的距离与肩同宽，双手掌心相对，将篮球置于体前，目视前方。

2. 右手掌心朝上托住球，从腰部右侧开始绕球。左手自然下垂，置于身体左侧。

3. 将球从腰部右侧绕向腰部左侧后，左手准备接球。

4. 接到球后左手掌心朝上，右手自然下垂，置于身体右侧。

小提示

控球方式

通过练习此动作，球员可以掌握当球从身体中段转向下段时手对球的综合掌控能力。

基本姿势
基本控制
基本球性
基本步法

5. 恢复至初始姿势，双手持球，将篮球置于体前。

6. 屈膝，重心下移，将篮球下移至膝盖前。

7. 右手掌心朝上持球，从膝盖右侧开始绕球。

8. 右手绕到双膝后方的时候，左手接球，上体仍前倾。

9. 左手掌心朝上托住球，右手自然下垂，置于身体右侧。

10. 最后将球绕到双膝前方，双手持球。

练习 33 腿部转腰部绕球

扫描二维码看动作视频

训练难度： ★★★

训练简介： 腿部转腰部绕球与上一个练习方法相同，练习过程中要注意绕球的速度与节奏。

练习场地： 不限场地。

1.双脚自然分开，屈膝，重心下移，双手掌心相对，将篮球置于膝盖前。

2.右手持球，从膝盖右侧开始绕球，左手自然下垂，置于身体左侧。

3～4.右手单手持球绕到双膝后方的时候，左手接球，右手自然下垂，置于身体右侧。

基本姿势
基本控制
基本球性
基本步法

5.将球绕腿部一周后，左手托球置于体前，右手准备接球，上身慢慢抬起。

6.右手接球后，掌心朝上托住球，从腰部右侧开始绕球，左手置于身体后方。

小提示

控球方式

当从腿部向腰部绕球时，上身向上抬起，换右手托球。

7.将球从腰部右侧绕向腰部左侧后，左手准备接球。

8.接到球后左手掌心朝上，右手置于身体右侧。

9.最后将球绕到身体前方，双手持球。

练习 34 快速全身绕球

扫描二维码看动作视频

训练难度： ★★★★

训练简介： 快速全身绕球是一项综合绕球练习，是先将球从头部绕到腰部，之后再绕到腿部，这要求球员对球有很好的掌控能力，球员应反复练习。

练习场地： 不限场地。

双脚分开，与肩同宽。

1～3.双脚分开，与肩同宽，双手持球置于胸前。接着右手掌心朝上持球，将球从头部右侧绕向头部后侧后，左手在身后准备接球。

4～5.左手接到球后，右手松开球，左手掌心朝上托住球，然后将球绕到身体前方，双手持球。

6～8. 右手单手持球，掌心朝上托住球，从腰部右侧开始绕球。将球从腰部右侧绕向腰部左侧后，左手准备接球。左手接到球后掌心朝上托住球，右手置于身体右侧。

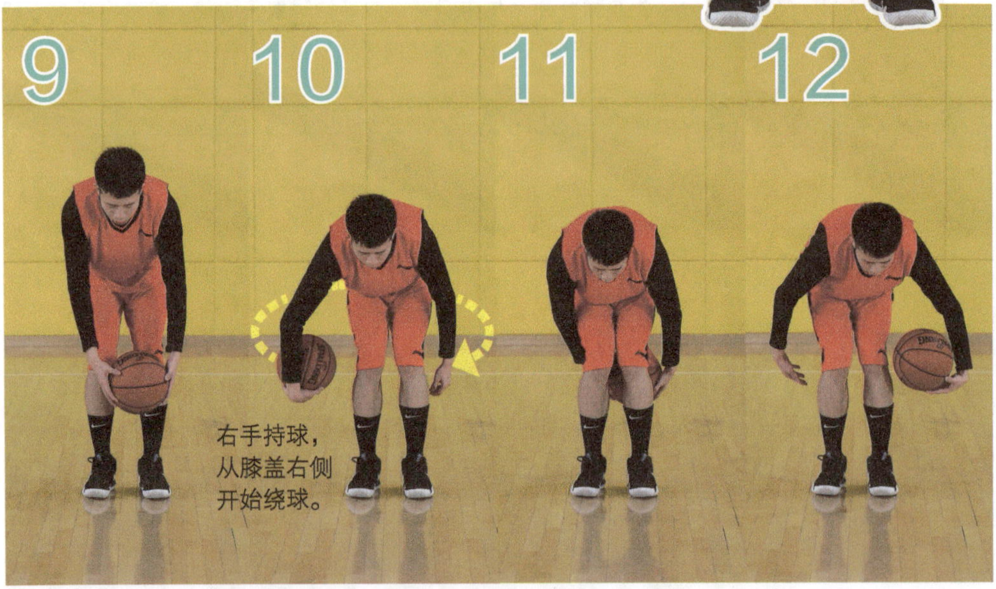

9～10. 屈膝重心下移，双手将球置于膝盖前。右手持球，从膝盖右侧开始绕球。

11～12. 右手单手持球绕到双膝后方的时候，左手接球。

练习 35 原地单手拍球（右手）

扫描二维码看动作视频

训练难度： ★

训练简介： 原地单手拍球是一项基本的运球技术。原地单手拍球（右手）主要训练右手的球感，是基础的运球训练。

练习场地： 不限场地。

1.双脚分开，两脚之间的距离略宽于肩，屈膝，重心下移。右手掌心朝下持球，置于身体右侧，左手在体前护球。

2.右手以手腕为轴，用手腕和手指的力量向下快速拍击球。

小提示

动作要点

在用右手拍击球的时候，注意不要用手掌触碰球，而应用五指的指腹碰触球，手腕带动手指，进行拍击动作。练习时，速度应从慢到快。

3.篮球接触地面后会向上弹起，右手接球，双脚保持不动。

4.右手继续向下拍球。重复动作以连续拍击球，使球的落点都在同一位置。

练习 36 原地单手拍球（左手）

扫描二维码看动作视频

训练难度： ★

训练简介： 进行原地单手拍球（左手）练习时，通过拍球使球从地面弹起，注意力度要合适，球员通过训练可以练习左手的球感。

练习场地： 不限场地。

基本姿势
基本控制
基本球性
基本步法

1.双脚分开，两脚之间的距离略宽于肩，屈膝，重心下移。左手掌心朝下持球，置于身体左侧，右手在体前护球。

2.左手以手腕为轴，用手腕和手指的力量向下快速拍击球。

小提示

动作要点

与原地单手拍球（右手）的动作要点基本相同。

3.篮球接触地面后会向上弹起，左手接球，双脚保持不动。

4.左手继续向下拍球。重复动作以连续拍击球，使球的落点都在同一位置。

练习 37 原地头上抛接球

扫描二维码看动作视频

训练难度： ★ ★

训练简介： 此动作训练的是当球在空中传递时手对球的掌控能力，练习此动作可以提高手腕的灵活性和手腕的力量控制能力。

练习场地： 不限场地。

基本姿势
基本控制
基本球性
基本步法

1.双脚分开，与肩同宽，双臂屈肘上抬至上身两侧，掌心朝上，右手托住篮球。

2.右手手腕用力将球向左上方抛，抛球的轨迹最好呈抛物线，球要高于头部。

3.当球向左侧落下时，左手张开五指，用指腹的力量抓住球。双手反复练习抛、接球。

小提示

动作要点

在练习原地头上抛接球时，注意右手要向左上方抛球，手腕带动五指快速内收，迅速将球向左上方抛出。多加练习可以更好地提高手腕的灵活度。

练习 38 换手运球（双手）

扫描二维码看动作视频

训练难度： ★★

训练简介： 换手运球练习（双手）是指球员双手交替拍按由地面反弹起来的球，此动作要求球员双手具有很好的协调性。

练习场地： 不限场地。

1.双脚分开，两脚之间的距离略宽于肩，屈膝，重心下移。左手掌心朝内持球，置于身体左侧，右手在体前护球（右手持球、左手护球亦可）。

2.左手利用手腕的推力，将球向两脚中间拍击，要注意落球点。

3.右手手臂随着篮球弹起的高度上抬，接过从两腿之间弹起来的球。

4.然后右手利用手腕的推力，将球向两脚中间拍击。

5.左手手臂随着篮球弹起的高度上抬，左手掌心朝内接球。

小提示！

动作要点

在向两侧换手运球时，要利用手腕的推力，将球向两脚中间的落球点拍击。

练习 39 手指拨球（手指交互传球）

扫描二维码看动作视频

训练难度： ★★

训练简介： 此练习的目的是让球员可以用手指熟练地操控篮球，从而培养球感，此练习对于投篮、运球、传球等基本技能的提升有很大的作用。

练习场地： 不限场地。

1.双脚分开，与肩同宽，双臂上抬，掌心相对，右手持球将篮球置于胸前。

2.接着用右手手指的指腹和指尖发力，向左手拨球。

小提示

动作要点

在练习这个动作时，要在两手之间反复、快速地练习拨球，以训练手指拨球的力量。力量通过手臂、手掌传到指尖，在用指腹和指尖拨球时，力度要大，同时手掌要控制球的平衡。

3.左手接球后，继续用手指的指腹和指尖发力，向右手拨球。

4.右手接球，注意运动过程中双脚始终保持不动。重复以上动作，反复练习。

练习 40 身前抛接球身后击掌

训练难度： ★★★

训练简介： 进行此练习需要将篮球向上抛出后，双手迅速在身后击掌，然后接住下落的篮球。整个过程中双手移动要迅速。

扫描二维码看动作视频

练习场地： 不限场地。

1.双脚分开，与肩同宽，双臂屈肘，双手掌心相对持球，将篮球置于体前。

2.接着将球向上抛起，球抛起后双手立即移至背后击掌一次。

小提示

提升练习

球员通过反复练习，在熟练掌握该动作后，可以提高难度，将背后击掌的次数增加到 2~3 次。

3～5.双手在背后击完掌后，迅速移至身前准备接住落下的篮球。双手接球后，恢复至初始姿势，双手持球，将篮球置于体前。

练习 41 抛球后转身接球

扫描二维码看动作视频

训练难度： ★★★

训练简介： 抛球后转身接球是将篮球在身前抛出后，迅速转身，双手在身后接住下落的篮球。球员通过练习可以提高球感。

练习场地： 不限场地。

1.双脚分开，与肩同宽，双臂屈肘，双手掌心相对持球，将篮球置于腹前。

2.接着双手将球向上抛起，注意不要将球抛得过高，超过头顶即可。

小提示！

球感的掌控

在转身的同时，双手在身后接住落下的篮球，注意五指自然张开，掌心朝上托住篮球。尽量快速、有节奏地进行该动作，通过多次练习，球员可以记住篮球弹起、落下的感觉。

3.球抛出后，以左脚为轴，身体迅速向左后方转动，双手在身后接球。

4.双手接球后，继续向左侧转身，使双脚平行。

练习 42 单手头上抛接球

扫描二维码看动作视频

训练难度： ★★

训练简介： 单手头上抛接球是将篮球举过头顶，单手持球向上抛、接球，运动过程中视线要随着球移动。

练习场地： 不限场地。

1.双脚分开，与肩同宽，双臂将球举过头顶，右手掌心朝上托住球，左手支撑。

2.右臂伸直，右手手指发力将球向上抛出。

3.双手保持抛球时的动作，然后接住落下的篮球。

练习 43 单手向上挑球

扫描二维码看动作视频

训练难度： ★★

训练简介： 单手向上挑球是球员单手持球，利用手指的指尖和指腹发力将篮球向上抛出，要求接球后保持稳定持球。

练习场地： 不限场地。

1.双脚分开，与肩同宽，右手向上抬起，掌心朝上托住球，左手自然下垂，置于身体左侧。

2.接着用右手手指的指腹和指尖发力，将球向上抛出。

3.右手保持掌心朝上的动作，接住落下的篮球。

练习 44 双手向上挑球

扫描二维码看动作视频

训练难度： ★★

训练简介： 此动作是指球员双手持球，利用手指的指尖和指腹发力将篮球向上抛出，然后保持稳定接球。

练习场地： 不限场地。

1.双脚分开，与肩同宽，双手掌心朝上持球，将篮球置于胸前，目视前方。

2.用双手手指的指尖和指腹发力将球向上抛出。

3

3.双手保持抛球时的动作，接住落下的篮球。

小提示

动作要点

在练习双手向上挑球时，用双手托住球，接着用手腕带动双手的指尖和指腹发力，迅速将球向上方抛出，感受挑球时指尖的感觉。

练习 45 指尖运球

扫描二维码看动作视频

训练难度： ★★

训练简介： 指尖运球是指五指张开，手指像抓住篮球一样运球的方式。用五指的指尖一起运球，这也更接近实际比赛的场景。

练习场地： 不限场地。

1～2.双脚分开至与肩同宽，膝关节微屈，重心落于两脚之间。右手掌心朝下，左手掌心朝右，将篮球置于身体右侧。身体略微前倾，背部挺直，用右手五指的指尖向下运球。

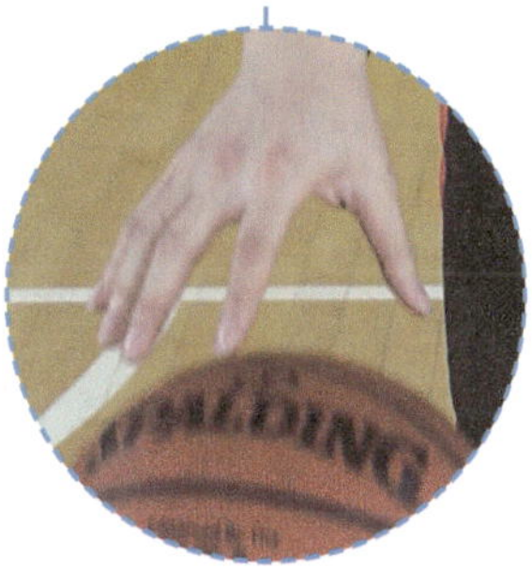

练习 46 对墙运球

扫描二维码看动作视频

训练难度： ★★

训练简介： 一个人对墙练习，像指尖运球一样，只用指腹拍球，手腕放松，可以同时锻炼手腕。

练习场地： 有适合投掷篮球的墙壁的地方。

1.右手屈肘向上持球，在墙壁前站立。

2.面向墙壁拍球，要有节奏地连续拍球。

该练习的要点是快速且有节奏地运球。这需要五指的指腹有意识地控制篮球。通过该训练，球员可以提升球感，更好地掌握运球的技巧。

小提示

力度控制

同样是面对墙壁的练习，“对墙投球”和“对墙运球”时指尖和指腹用力的感觉是不同的，要用心体会。当然，要仔细确认该墙壁适合投掷篮球之后再开始练习。

注：该练习视频中示范的是以左手练习对墙运球，以右手练习的动作要点与此相同。

练习 47 滑步

训练难度： ★ ★

训练简介： 滑步是在与对方球员距离较近时经常使用的防守动作，通过快速侧向移动来进行防守，注意两腿不能并拢。

练习场地： 不限场地。

1.双脚分开，两脚之间的距离略宽于肩，屈膝，重心下移。双手掌心朝前在身体两侧张开，目视前方。

2.右脚向右侧迈出一步，同时重心右移，双手保持不动。

3.接着左脚向右侧跟一步，注意两腿不要并拢，两腿之间保持与肩同宽的距离。

4.右脚继续向右侧迈出一步，重心右移。

5.左脚向右侧跟一步，恢复至初始姿势。

小提示

反方向移动

反复练习，在熟练掌握向右侧移动后，可以换方向向左侧移动。

练习 48 交叉步

扫描二维码看动作视频

训练难度： ★★

训练简介： 交叉步与滑步相同，都是在防守时使用的步法，一般在对方球员快速运球、远距离移动等情况下使用。

练习场地： 不限场地。

1.双脚分开，略比肩宽，屈膝，重心下移。双手掌心朝前在身体两侧张开。

2.身体向右侧转动，同时重心右移，呈右弓步姿势。

小提示

加快下半身的移动速度

在比赛中，由进攻转为防守时，可以利用交叉步快速跟随对方。在移动时，上半身面向对方球员，下半身向其运动方向移动，保持上半身不动，只动下半身。

3.左脚向右侧迈一步，使双脚横向交叉，注意双手姿势不变。

4.接着右脚继续向右侧跟一步，恢复至初始姿势。（注：该练习视频中示范的是腿在体后交叉迈步的情况，其要点与该练习相同）

练习 49 小碎步

扫描二维码看动作视频

训练难度： ★★

训练简介： 小碎步是指在防守时，球员双脚在原地迅速小幅度踏步，并观察对方球员的下一步动作，从而进行防守。

练习场地： 不限场地。

1.双脚分开，略比肩宽，屈膝，重心下移。双手掌心朝前在身体两侧张开。

2.左脚向上抬离地面，重心落于右脚，目视前方。

注意抬起的
脚不要离地
面过远。

小提示

动作要点

此动作在防守的时候比较实用，因为对方球员移动的速度较快，球员采用小碎步步法可以快速反应从而加强防守。

3.左脚落下后，换右脚向上抬起，重心落于左脚。

4.右脚落下后，恢复至初始姿势。重复动作，左右脚迅速交替抬起、落下。

练习 50 限制区防守滑步

扫描二维码看动作视频

训练难度： ★★★

训练简介： 限制区防守滑步是指球员在限制区内，从限制区线的一侧以滑步的方式移动到另一侧，练习在防守时侧向移动的步法。

练习场地： 限制区。

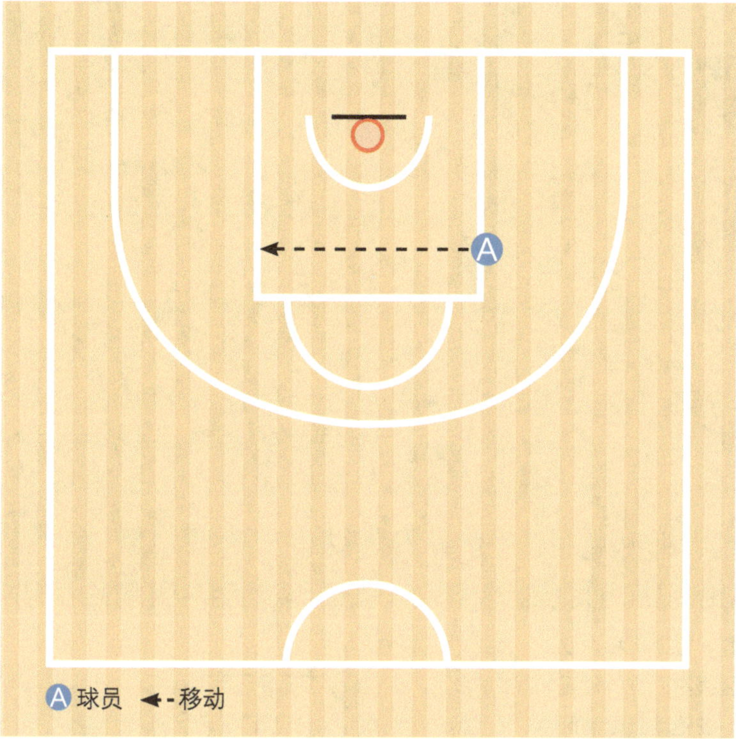

1.双脚分开，略比肩宽，屈膝，重心下移。双手在身体两侧张开，站在限制区线左侧位置，接着右脚向右侧迈出一步。

2.左脚向右侧跟一步，继续重复动作，移动到限制区线右侧。

基本姿势
基本控制
基本球性
基本步法

练习 51 防守步伐练习

扫描二维码看动作视频

训练难度： ★★★

训练简介： 防守步伐练习是指球员以交叉步或滑步的方式沿着限制区线移动，练习防守步伐，注意运动过程中不要低头。

练习场地： 限制区。

左脚在前，右脚在后，屈膝，重心下移，双手置于身体两侧，从限制区线右后方的位置开始沿限制区线向前跑动。在跑动到限制区线前方位置时，双手向上举起后做急停。接着以滑步或交叉步的方式向左侧移动，到达限制区线左侧时向后倒着跑动至限制区线后方，继续以滑步或交叉步的方式向右侧移动至初始位置。

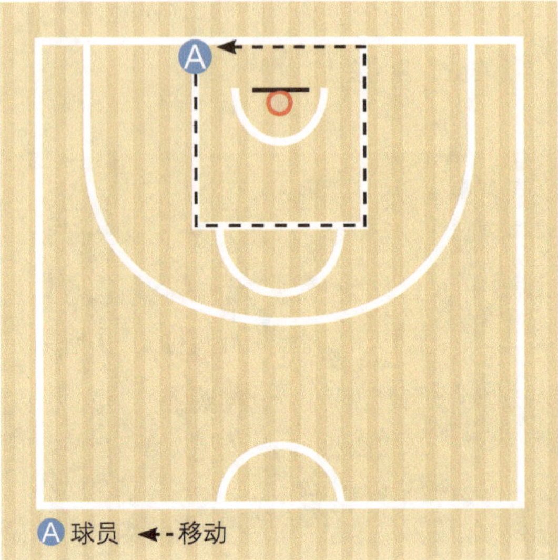

小提示

动作要点

在练习该动作时，注意沿着限制区线移动，要保持匀速。

练习 52 三分球线滑动

扫描二维码看动作视频

训练难度： ★★★

训练简介： 三分球线滑动是为了使球员更加熟练地掌握滑步的练习，在比赛中，此动作可以有效防止对方进攻球员接近篮筐。

练习场地： 半场。

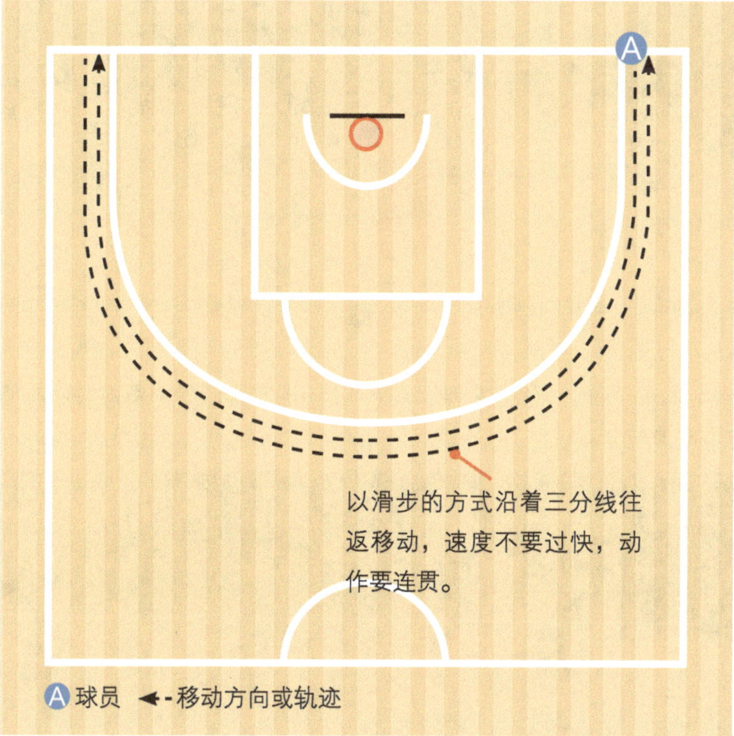

1.双脚分开，略比肩宽，屈膝，重心下移。双手在身体两侧张开，站在三分线左侧位置，接着右脚向右侧迈出一步。

2.左脚向右侧跟一步，继续重复动作，移动到三分线右侧后，以滑步的方式按原路返回。

基本姿势
基本控制
基本球性
基本步法

练习 53 圆圈滑步

扫描二维码看动作视频

训练难度： ★★

训练简介： 在熟练掌握滑步的基本动作后，要开始提高滑步的速度，此练习是使用球场的中圈，在短距离内和对手比赛谁先完成滑步。

练习场地： 中圈。

1.球员A与球员B双脚分开，重心下移，双手张开，在中圈两边的线上面对面站立。

2.球员A与球员B的左脚沿着中圈同时向左侧迈步。

3.接着两名球员右脚向左跟一步，继续沿着中圈向罚球线的位置移动。

4.先到达中圈的罚球线位置的球员获胜，或者追上另一名球员者获胜。

小提示

在保证动作正确的前提下提高速度

通过两人的比赛，球员可以提高滑步速度。但是，过于追求速度，可能会造成身体上下不稳定。在比赛中，如果滑步动作不正确，就会给对方进攻球员突破的机会，从而会造成防守失败。

练习 54 前进步

扫描二维码看动作视频

训练难度： ★

训练简介： 前进步的步法与滑步相同，双脚不交叉，只是向前移动。前进步是为了缩短与对方球员的距离而使用的一种步法。

练习场地： 不限场地。

1.右脚在前，左脚在后，屈膝，重心下移，右手屈肘上抬，掌心朝前，左手掌心朝下，置于身体左侧。

2.右脚向前迈一步，重心前移，上身保持不动，目视前方。

小提示

动作要点

在此动作完成过程中双腿不能完全并拢，左脚向前跟进时，两脚的距离约与肩同宽。双手随着身体移动改变高度，要求整个动作连贯。

3～4.接着左脚蹬地向前跟一步，换左手向上抬起，右手落下。然后右脚继续向前迈步，恢复至初始姿势，右手抬起，左手落下。

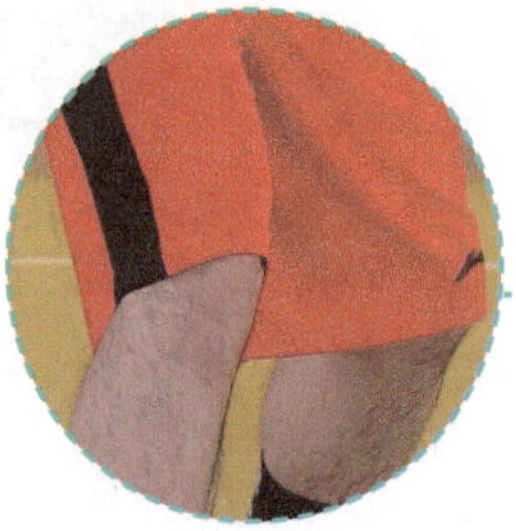

在移动过程中保持双腿屈膝，重心下移。

练习 55 后撤步

扫描二维码看动作视频

训练难度： ★

训练简介： 后撤步与前进步相同，运动过程中双脚不交叉，是依靠蹬力向后撤的一种步法，一般在对方进攻球员运球前进时使用。

练习场地： 不限场地。

1～2.右脚在前，左脚在后，屈膝，重心下移，左手掌心朝外上抬至与肩同高位置，右手掌心朝外置于右膝外侧。左脚向后撤一步，右脚跟进，同时换右手向上抬起，左手落下。

小提示

步法的运用

后撤步是在对方进攻球员快要突破防守时所使用的一种步法，这种步法非常有效。当对方球员将球下移时，就应迅速使用后撤步，在移动过程中，要注意和对方球员保持合适的距离。

3～4.重复之前1～2的动作，同时交换双手位置。

练习 56 箱子滑步

扫描二维码看动作视频

训练难度： ★★

训练简介： 箱子滑步是利用场地内的限制区练习防守的步法。为了能同前后左右不断进攻的对方球员周旋，球员要灵活掌握各种步法。

练习场地： 限制区。

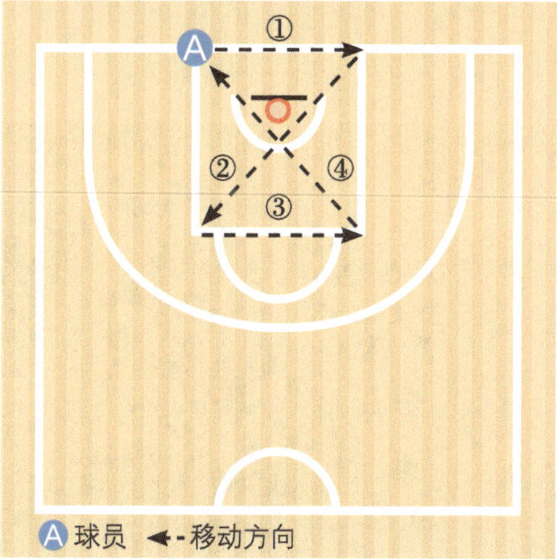

1.双脚分开，略比肩宽，屈膝，重心下移。双手在身体两侧张开，站在右后方限制区线位置的顶点处，以滑步的方式开始向左侧移动。

2.移动到限制区线左后方顶点时，向左侧转体，以滑步的方式向右前方移动。

3.到达限制区线右前方顶点后，左脚向前迈步使双脚平行，接着以滑步的方式开始向左侧移动。

4.到达限制区线左前方顶点后，向右侧转体，以滑步的方式向右后方移动，回到初始位置。

练习 57 跑、滑行

训练难度： ★★

训练简介： 此练习的目的是使球员能够熟练、快速地在滑步与交叉步之间转换。为了能够根据进攻球员的速度及时进行调整，这两种步法球员都要熟练掌握。

练习场地： 半场。

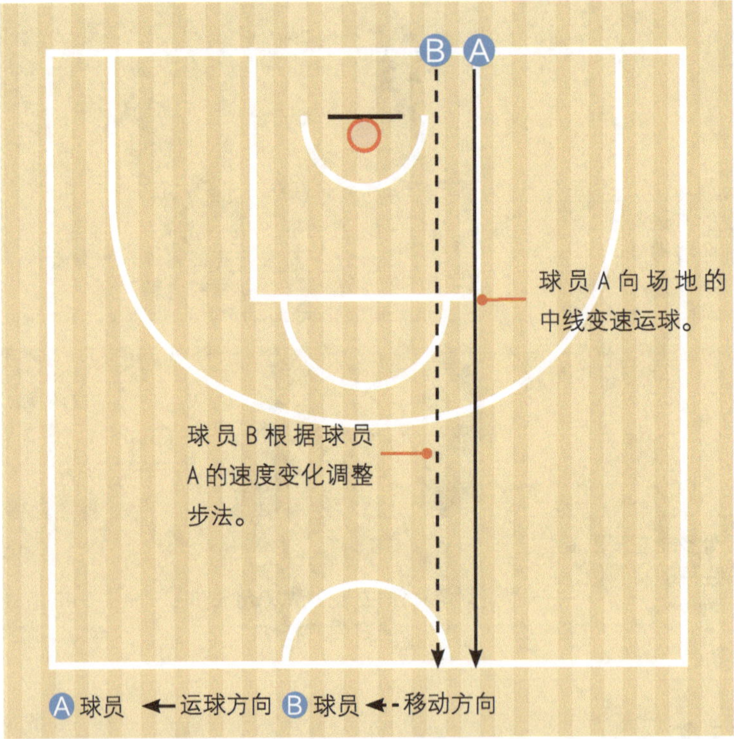

1. 球员A与球员B在端线站立。球员A向场地的中线变速运球前进，球员B紧跟球员A，在球员A移动速度较慢时，使用滑步。

2. 球员A到达限制区线顶点位置时突然加速，球员B立刻调整为交叉步。

B 球员

练习 58 1 对 1 Z 字形

训练难度： ★ ★

训练简介： 此动作是将球举过头顶，以滑步的方式移动，进行防守，注意练习时要保持上身平稳，将注意力集中在步法上。

练习场地： 限制区。

1～2.球员A右脚在前，左脚在后，双手持球置于身体左侧。球员B双脚分开，与肩同宽，双手持球，将球举过头顶，面对球员A的侧面站立。接着球员A运球前进，球员B以滑步的方式跟随。

3～4.球员A到达左侧限制区线顶点后，以右脚为轴，向后转体，向限制区中间位置运球前进；球员B以滑步的方式跟随，注意双手保持不动。

基本姿势
基本控制
基本球性
基本步法

5～8.到达限制区中间位置后，球员A向左后方转体，继续运球前进，球员B以滑步的方式跟随。

9～12.到达对面限制区线顶点后，两名球员互换角色练习。球员B运球前进，球员A以滑步的方式跟随，按原路返回。

练习 59 跳停、转体

扫描二维码看动作视频

训练难度： ★★★

训练简介： 此练习是持球球员在运球过程中跳停后转体，然后进行传球。目的是使球员能够有控制地停止运球，以便灵活转身、准确传球。

练习场地： 半场。

1. 两名球员在边线外站立，球员A双脚分开，与肩同宽，双手持球置于身体右侧，背对球员B，球员B在球员A身后站立。

2. 球员A右手持球，运球前进，到达限制区线后，双手持球跳停，然后以左脚为轴向左侧转体。

3. 球员A继续向左侧转体，面对球员B，球员B双手抬起，掌心朝前，准备接球。

基本姿势
基本控制
基本球性
基本步法

4.球员A两腿屈膝，双脚分开，与肩同宽，手臂伸直，在胸前用力前推传球，球员B呈接球姿势接球。球员B接球后与球员A互换角色，重复练习。

小提示 !

动作要点

运动过程中要注意球员 A 在转体的时候，两膝之间距离不要过大，要保持身体平衡。转体后的身体姿势也非常重要，为了能够快速准确地传球，转身后要保持基本姿势。

接球时手臂向前伸，双手手掌掌心朝前，呈自然接球姿势。

练习 60 “剃须”练习

扫描二维码看动作视频

训练难度： ★★★

训练简介： 能够准确地运球、转身，然后传球；停止运球后能快速转身，然后传球。

练习场地： 限制区。

1.球员A双脚分开，双手持球置于身体右侧，在罚球线站立。球员B在限制区线左侧站立。

2～3.球员A向限制区线右侧运球前进，球员B向罚球线位置跑步前进。

4.两名球员到达指定位置后，球员A向后转体，双手持球置于体前，球员B呈接球姿势面对球员A。

5～6.球员A双臂伸直，在胸前用力前推传球，球员B双手掌心朝前接球。

7～8.球员B接到球后，右手持球向限制区线左侧运球前进，球员A向罚球线位置跑步前进。

9～10.两名球员到达指定位置后，球员A等待球员B传球。